밑줄 독서 모임

밑줄 독서 모임

세상에서 가장 쉽고 재미있게 책 읽는 법

| 여희숙 지음 |

사우

책은 명사가 아니라 동사다.
책은 물건이지만 그것을 읽은 사람은
결국 움직이게 된다.

독서습관 만드는 가장 효과적인 방법

저는 초등학교 교사로 재직할 때 아이들에게 책 읽어주는 선생님이 되고 싶었습니다. 그래서 틈날 때마다 책을 읽어주었습니다. 그런 숭고한 목표 이면에는 현실적인 상황도 있었는데요. 책을 읽기 시작하면 소란스럽던 교실이 조용해졌거든요. "조용히 하라"는 말보다 "책 읽어줄까"가 더 효과가 컸던 거지요.

동시에 어떻게 하면 아이들이 책을 잘 읽을 수 있을까 고민했습니다. 교사로 임용된 지 16년 만인 1997년, 학교 도서관 담당교사가 되면서 더욱 본격적으로 그 방법을 찾아야 했어요. 당시에 저는 특별활동 시간이면 도서관에 찾아오는 아이들과 책을 읽어야 했습니다. 그 아이들은 흔히 '느린 학습자'로 불렸어요. 산만해서 책을 잘 못 읽는 아이들에게 책을 한 장씩 읽혔는데, 밑줄을 그으며 한 단계씩 나아가니까 어느새 책 한 권을 읽게 되었습니다. 이 방법대로 하면 되겠구나! 자신감을 얻었지요.

　교실에서도 아이들이 책과 친해지도록 다양한 방법을 시도해봤습니다. 매일 그림책을 읽어주고, 숙제 없는 일주일, 마음껏 책을 읽을 수 있는 집중독서주간을 만들었고, 때때로 다양한 행사를 열었습니다. 그중 하나가 여름 방학을 앞두고 열었던 '반디 독서 교실'이었어요. 말하자면 '도서관에서 책에 풍덩 빠지기'였는데요. 낮에는 도서관에서 아이들 40명과 함께 책을 읽고, 해가 지면 운동장을 걷고, 밤에는 둥근 탁자에 촛불을 켜놓고 둘러앉아 낮에 읽었던 책 중에서 각자 밑줄 그은 부분을 읽는 밑줄낭독회를 열었습니다. 한마디로 24시간 집중 독서인 셈이지요. 초등학생들이 이걸 할 수 있을까 의문을 가질 수도 있을 텐데요. 아이들은 이 시간을 무척 좋아했습니다. 눈이 초롱초롱해졌지요. 아이들 입에서는 "선생님, 책에서 향기가 나는 것 같아요", "평생 못 잊을 거예요" 하는 감탄까지 터져 나왔습니다.

　교실에서, 도서관에서 이렇게 '밑줄독서'의 씨앗을 얻게 되었습니다. 조금씩 다듬어 가면서 나름대로 운영법을 정리하게 되었어요. 방법은 정말 간단합니다. 책을 읽으면서 밑줄을 긋고, 모여서 각자 밑줄 그은 문장을 낭독한 뒤 밑줄 그은 이유를 이야기하고, 밑줄 그은 문장을 독서 노트에 베껴 쓰는 거죠.

2001년 서울로 이사 오면서 저는 학교를 떠나게 되었습니다. 새롭게 삶의 둥지를 틀게 된 곳에서 자연스럽게 도서관을 자주 드나들었는데요. 도서관에서 살다시피 하면서 2005년 도서관을 위한 자원활동모임인 '도서관친구들'을 만들게 되었고, 그 모임에서 우연히 밑줄독서모임을 시작하게 되었어요. 이 모임이 입소문이 나면서 3~4년 뒤 엄마들을 대상으로 광진도서관에서 독서 관련 수업을 진행하고 초등학교에서 학부모 독서교육을 맡았습니다. 당시 광진정보도서관에는 임산부를 위한 독서모임인 '아가마중 독서모임', 학부모가 된 엄마들을 대상으로 '책 읽는 엄마학교'가 생겼는데요. 개설된 반이 10개, 100명이 넘는 분들이 같은 책을 읽고 밑줄독서모임을 했어요. 엄마들의 만족도가 높았습니다. 10년이 넘은 지금도 그 엄마들은 독서모임을 계속하고 있답니다.

밑줄독서모임이 그 씨앗을 뿌린 지 올해로 25년, 그동안 밑줄독서모임은 뿌리를 깊이 내렸고, 많은 곳으로 퍼져 나갔습니다. 독서모임을 경험했던 분들이 다른 지역으로 이사 가서는 새롭게 엄마 독서모임을 꾸렸지요. 엄마 독서모임을 보고 아이들 독서모임, 아빠 독서모임이 만들어졌어요. 그 수를 정확하게 헤아리기는 어렵지만 2023년 현재 전국에 어림잡아 수십 개의 밑줄독서모임이 진행되고 있습니다.

우리나라 사람들의 독서량이 줄고 있다고는 하지만 다양한 독서모임이 생기고 있고, 자신에게 맞는 독서모임을 찾는 이들도 많습니다. 독서모임을 주도하는 발제자가 토론할 거리를 준비해서 모임을 진행하는 경우도 있고, 같은 업계 사람들이 전문지식을 쌓기 위해 함께하는 독서모임도 있습니다. 혼자 읽기 어려운 고전이나 두꺼운 책을 함께 낭독하는 모임도 있어요. 독서모임은 더 다양해져도 더 많아져도 좋다고 생각합니다. 모든 시민이 독서모임에 가입하는 날이 오기를 고대합니다.

저는 다양한 독서모임 가운데 '밑줄독서모임'이 사람과 책을 이어주는 가장 믿음직한 다리라고 말하고 싶어요. 초등학생부터 칠팔십 대 어르신까지 남녀 불문하고 현장에서 가장 크게 효과를 거뒀고 보람을 느낀 독서법이니까요. 밑줄독서모임은 누구에게나 책이라는 인생의 좋은 친구를 만날 수 있는 가장 편안한 경로를 제공해준다고 믿습니다. 독서에 걸음마를 떼기 어려운 분이라면 '밑줄독서'가 가장 해볼 만한 도전이 될 것이라고 확신합니다.

이 책은 20년 넘게 밑줄독서모임을 통해 만났던 책과 책 동무들의 이야기를 담고 있습니다. 새롭게 모임을 꾸리고 싶은 분들을 위해 모임을 운영하는 방법에 대해 정리해 보았습니다. 책을 쓰면서 오랜만에 오래된 수첩을 꺼내어 보며, 모임을 통해 만난 분들이 보내준 카드와 메시지를 살펴보았네요. 제 삶에 소중한 인연들이 계속 이어지고 있음을 다시 깨닫습니다.

누군가 이런 말씀을 하셨어요. "책은 명사가 아니라 동사다. 책은 물건이지만 그것을 읽은 사람은 결국 움직이게 된다." 그렇습니다. 책은 대화를 나누게 하고, 생각을 바꾸게 하고, 결국에는 태도와 행동을, 인생을 변화시킵니다. 이쯤 되면 책은 인생의 보물이라고 할 수 있겠지요. 더 많은 이들이 보물 같은 책과 그것을 나눌 수 있는 소중한 인연을 만나시길 바랍니다.

이 책이 나오기까지 많은 분이 애써주셨습니다. 특히 이제이 선생, 안재림 선생, 뮤채원 대표님, 정말 고맙습니다.

2023년
날일달월에서
여희숙

1

함께 읽기의 힘

함께 읽으면
달라지는 것들

───────── 새해가 되면 새로운 계획을 세웁니다. 그중 가장 많이 찾는 3종 세트가 '운동, 금연, 독서'가 아닐까 합니다.

계획을 세운다는 것은 그만큼 실행이 어렵다는 반증이겠지요. 누구나 운동을 시작하지만 꾸준히 운동하는 사람을 찾기 어렵듯 독서도 비슷합니다. 마음먹는다고 책을 읽어낼 수 있는 게 아니지요. 막상 책을 읽으려고 하면 무슨 책을 읽어야 하는가, 하는 데서부터 막힙니다. 게다가 책을 읽지 못하게 하는 상황도 너무나 많습니다. 갑자기 처리해야 할 일이 많아지거나, 친한 친구가 부르거나, 몸이 피곤하거나, 보고 싶은 영화가 생깁니다. 유튜브나 SNS도 가만두지 않지요. 요즘처럼 볼거리가 많은 시절에 독서를 한다는 것은 상당한 집중력과 의지가 필요한 일인 것 같습니다.

정말 독서를 하고 싶다면 책 읽기가 습관으로 정착하기까지 억지로 해야 하는 시기, '무조건' 해야 하는 시기가 필요합니다. 인간의 습관과 행동 원리에 관해 연구해온 심리학자 웬디 우드(Wendy Wood)는 저서 《해빗》에서 '변하고 싶다면 변할 수밖에 없는 환경부터 만들라'고 강조해요. 본인의 의지를 믿지 말고 상황과 환경을 만들어 이를 습관으로 만들라는 것입니다.

새로운 습관을 만들 때 가장 큰 도움을 주는 게 무엇일까요? 바로 같이 행동하는 '동반자'를 찾는 것입니다. 혼자 하면 작심삼일로 끝나기 쉽습니다. 하지만 누군가와 함께하면 습관이 될 가능성이 커집니다. 요즘 마라톤클럽이나 동호회에서 함께 모여서 달리는 이들을 '러닝크루'라고 부르던데요. 책을 함께 읽는 '리딩크루'가 있으면 책 읽기가 조금 수월해집니다. 읽고 싶은 책을 언제까지 읽자고 약속하고, 그 약속을 지켜간다면 독서가 자연스레 일상이 될 수 있어요. 회사일, 집안일, 육아, 여행 등 여러 이유로 독서를 뒷전으로 미루지 않게 되지요.

책을 읽는다는 것은 지극히 개인적인 경험입니다. 혼자 책을 읽고 마는 것은 자신의 느낌과 경험 안에서만 이해하는 것으로 그칠 수 있습니다. 그러나 책을 읽고 여럿이 대화를 나누면 이해의 폭이 넓어집니다. 같은 책을 읽어도 각자의 생각에 따라 책에서 얻는 즐거움이나 감동이 다르기 때문이지요.

《본질의 발견》이란 책을 모임에서 함께 읽었을 때가 생각나네요. '내가 왜 이런 책을 읽고 있지?' 책을 읽는 내내 이런 생각을 하며 불편했다는 이들이 많았습니다. 비즈니스와 마케팅에 관한 전문적인 지식과 실제 사례를 소개하는 책이거든요. 마케팅 업무와 아무 상관없이 살고 있는 사람들이라면 당연히 이런 마음이 들 수밖에 없겠지요. 하지만 평소 읽지 않는 분야의 책이라도 읽겠다는 약속을 한 터라 꾹 참고 끝까지 읽었다고 해요. 신기한 것은 모임에 와서 하나같이 이런 고백을 하는 거였어요.

"마케팅 책이 아니라 철학 책이네요!"

"전혀 다른 관점에서 볼 수도 있군요."

"새롭게 느낀 점이 많았어요."

재미있게 읽지 않은 책이라 할지라도 모임에서 누군가의 이야기를 들으면서 새로운 점을 발견할 수도 있습니다. 별 감흥이 없는 책이었는데, 독서모임 친구들의 다른 관점을 듣고 집에 가서 다시 한 번 책을 읽었다는 이도 있었지요. 그래서 함께 읽으면 재미나고, 재미나서 함께 읽는 선순환이 일어나는데 제가 '책을 함께 읽으면 기적이 일어난다'라고 말하는 이유입니다.

지속 가능한 독서모임은
따로 있다

──────── '함께 읽기'는 정말 좋은 독서법이지만 독서모임을 만들거나 참석했다가 중간에 그만두었다는 분들이 많습니다. 모임에 참여하지 않으니 책을 읽겠다는 결심도 흐지부지되었다며 안타까워하더군요. 독서를 습관으로 정착시키기까지 어느 정도는 '무조건' 실천해야 하는 시기가 필요한데요. 시작했다가 포기하기를 몇 번 반복하면 자신의 빈약한 의지를 탓하면서 다음부터는 아예 시도도 안 하게 됩니다.

독서모임을 시작했다가 중도에 포기했다는 분들께 여쭤어봤어요. 왜 모임에 계속 참석하기가 어려웠냐고요. 책을 다 읽고 모임에 참석하겠다고 굳게 다짐을 해도 이러저러한 상황에 치이다 보면 절반밖에 못 읽을 때도 있는데, 책도 다

안 읽고 참여하면 공연히 분위기 흐릴 것 같아 못 가겠더라, 그렇게 한두 번 빠지다 보니 포기하게 되더라고 하더군요. 책은 다 읽었어도 무슨 이야기를 해야 하나 걱정이 되어 참석을 꺼리게 되더라는 말도 많이 들었어요. 매번 말하는 사람만 말하니까 똑같은 대화가 되풀이되더라, 이런 말씀을 하시는 분도 있었고요.

그래서 생각했습니다. 독서에 어려움을 느끼는 분들이 진입하기 쉽도록 독서모임의 문턱을 낮출 수는 없을까? 책을 다 읽지 않아도 마음 편히 참석할 수 있게, 발제나 발표에 대한 부담을 줄이고 편하게 참여할 수 있게, 대화가 소수에게 집중되지 않게 하는 방법은 없을까? 저는 그 답을 '밑줄독서모임'에서 찾았습니다.

밑줄독서모임은 '가장 쉽게' 가는 길을 모색했습니다. '쉽게'에는 여러 가지 의미가 포함되어 있는데요. 첫째, 독서에 익숙하지 않은 분들도 '쉽게' 완독할 수 있는 책을 선택합니다. 둘째, 책을 끝까지 읽지 않아도 모임에 참석하는 데 아무런 장애가 없도록 진행합니다. 읽은 범위 안에서 내가 그은 밑줄을 낭독하고 그에 관해 이야기하면 됩니다. 모든 구성원이 내용을 인지하고 있으므로 마음 한구석에 있을 수 있는 불편함이 덜하지요. 셋째, 모임의 진행이나 순서가 복잡하지 않습니다. 따라서 모임을 만들기도 운영하기도 '쉽게' 할 수 있습니다. 단, 혼자 하는 독서가 아닌 만큼 모임에서는 지켜야 할 몇 가지 기본 약속이 있어요. 이것만 공유하고 실천하면 쉽고 편안하게 책 읽기에 동참할 수 있습니다. 다음 장에서 운영하는 법을 자세히 소개해 드릴게요.

당신을 위해
더 좋은 것이 있습니다

──────── 무엇보다 즐거운 모임을 만드는 데 주력했습니다. 즐겁지 않은 일도 몇 번은 억지로 참으며 할 수 있지요. 그러나 오래하기는 어렵습니다. 운동이나 새로운 외국어를 배울 때도 가장 끝까지 가는 사람들은 의무감이 아니라 재미나게 하는 사람들이잖아요. 재미있어야 오래할 수 있습니다.

독서가 재미있으려면 어떻게 해야 할까요? 재미있는 책을 만나서 푹 빠지는 경험을 해보는 게 중요합니다. 세상에 재미난 책이 얼마나 있냐고요? 얼마든지 있습니다.

독서모임에서 겪는 어려움 중 하나가 무슨 책을 읽을지 정하는 문제인데요. 밑줄독서모임을 시작할 때 함께 읽으면 좋은 책 목록을 부록에 정리해 두었습니다. 제가 밑줄독서모임을 오랜 세월 진행하면서 여러 모임에서 읽은 책들이고, 많은 분이 감동하고 인정한, 별점 높은 책의 목록입니다. 모임에서 회원들에게 책을 추천받아 목록을 정해도 됩니다만 그 방법으로 했더니 오래 못 가더라는 경험담을 많이 들었습니다. 읽고 싶은 책과 읽을 수 있는 책이 다른 사람이 많다는 것을 기억하면 좋겠지요. 이 책에서 제시한 목록을 참고로 해서 읽을 순서를 구성원들과 의논해 보세요. 가능하면 가벼운 책부터 시작해 책에 푹 빠지는 경험을 해보시면 좋겠습니다.

여기서 한걸음 더 나아가면 성장하는 즐거움도 느낄 수 있습니다. 등산을 갈 때도 코스에 따라 초급 중급이 있듯 독서에도 단계가 있어요. 단계를 넘을 때의 성취감이 대단하지요. 독서 초급 단계를 지나면 도저히 넘을 수 없을 것 같았던 고전이나 '벽돌책'이라 불리는 두꺼운 책을 함께 읽어보자며 도전하게 됩니다. 그걸 해내면 이루 말로 다 할 수 없을 정도로 뿌듯하고 자신감이 붙습니다. 전국 곳곳에 있는 밑줄독서모임에서 많은 분이 성장의 기쁨을 체험했고, 재미난 도전을 이어가고 있어요.

밑줄독서모임은 이처럼 '함께, 쉽게, 즐겁게' 한발 한발 나아가고 있습니다. 마음만 먹으면 누구나 이 여정에 동참

할 수 있어요. 제가 좋아하는 소설 중《밑줄 긋는 남자》가 있는데요. 주인공인 스물다섯 살의 콩스탕스는 도서관에서 빌려온 책 속에서 "당신을 위해 더 좋은 것이 있습니다"라는 밑줄을 발견합니다. 이 한 줄의 메시지를 주인공은 운명처럼 찾아온 주문으로 여기지요. 제게는 "당신을 위해 더 좋은 것이 있습니다"라는 문장이 마치 밑줄독서모임이 우리에게 해주는 이야기처럼 들립니다. 저를 비롯해 많은 분이 밑줄독서모임에서 더 좋은 것을 경험하고 있거든요.

나의 밑줄

버스 안에서였다. 그는 호주머니에서 주머니칼을 꺼내더니 창틀에서 빠지려는 나사못 두 개를 죄어 놓았다. 무심히 보고 있던 나는 속으로 감동했다. 그는 이렇듯 사소한 일로 나를 흔들어 놓는 것이다. 그는 내 것이네 남의 것이네 하는 분별이 없는 것 같았다. 어쩌면 모든 것을 자기 것이라 생각했는지 모른다. 그러기 때문에 어쩌면 사실은 하나도 자기 소유가 아닐 수도 있는 것이다. 그는 실로 이 세상의 주인이 될 만한 사람이었다.

_법정, 《무소유》, 74쪽

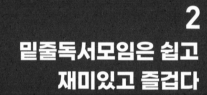

2
밑줄독서모임은 쉽고
재미있고 즐겁다

밑줄을 긋는다는 것은
나만의 문장을
만난다는 것

──────── 요즘 이런 홍보문구가 자주 눈에 띕니다. '취학 전 1000권 읽기'

물론 독서의 첫 단추는 많이 읽기입니다. 어떤 부모들은 스펙 쌓기처럼 우리 아이가 책 몇 권을 읽었는지를 중요하게 여깁니다. 책을 많이 읽으면 좋겠지만 다독에만 치중한다면 안타까운 일이지요. 헤르만 헤세는 "책은 고요히 음미하고 아낄 때 비로소 내면의 아름다움을 활짝 열어준다"라고 했습니다. 책을 음미하고 내면의 아름다움을 느끼는 것이 바로 '정독'이지요. 밑줄독서는 정독을 가장 쉽게 체험하도록 이끌어줍니다.

밑줄을 긋는다는 것은 나만의 문장을 찾아낸다는 뜻입니다. '나만의 문장'은 마음에 와닿는 글귀, 재미있는 내용, 몰랐던 사실 등 내가 기억하고 싶은 내용입니다. 그런 문장을 만나려면 꼼꼼하게 읽어야 합니다. 책 속으로 폭 빠져들어야 하지요. 소설의 주인공과 하나가 되어 모험하고, 아픔을 나누고, 문제를 해결해 나가기도 합니다. 그러면서 우리는 현실을 잊기도 해요. 독서모임의 한 회원은 밑줄독서를 하면서 '시간 가는 줄 모른다'라는 말이 무슨 의미인지를 체험하게 되었다고 합니다.

"오전에 책을 읽기 시작했는데 어느새 해가 지고 있더라고요. 책이 너무 재미있어서 집중해서 읽다 보니 밥 먹는 것도 잊을 정도가 된 겁니다. 이런 적이 한번도 없었는데, 진짜 깜짝 놀랐어요."

정독하면 책에 내 삶을 대입하게 되지요. 이유 없이 불안해질 때 나무의 생애를 들려주는 책의 한 구절에서 용기를 얻기도 하고요. 답답할 때 알래스카 이야기를 읽으면서 먼 곳으로 상상의 날개를 펼쳐 여행을 떠납니다. 독립운동에 투신한 혁명가의 평전에서 인생을 버티게 하는 한마디 문장을 만나기도 하지요. 여기까지는 혼자서 하는 독서에서도 충분히 느낄 수 있는데요. 여러 사람과 함께 읽으면 정독의 단계가 달라집니다.

보통 밑줄은 내가 중요하다고 생각하는 부분에 표시하는

데 다른 사람이 밑줄 그은 내용을 들으면 생각지도 못한 구절을 만나게 되거든요. "어? 이런 내용이 있었나?" "이 책이 이런 책이었어요?" 하는 말이 밑줄독서모임에서는 빈번하게 들립니다. 분명 내가 읽은 책인데도 다른 사람의 밑줄을 들으면 전혀 다른 책처럼 느껴집니다.

《알래스카, 바람 같은 이야기》에는 20여 년간 알래스카의 자연에서 살았던 사진가 호시노 미치오의 글과 사진이 실려 있는데요. 여행을 좋아하는 회원이 밑줄을 소개하며 이런 말씀을 하셨어요.

"제가 밑줄 그은 문장은 261쪽에 있는 '누군가를 만나고 그를 좋아하게 되면 풍경은 비로소 폭과 깊이를 띠게 된다' 입니다. 여행을 다니다가 현지에서 사람을 만나고 그곳을 좋아하게 되면 그 풍경이 마음에 오래 남습니다. 인생이라는 여행도 그런 것 같아요. 누군가를 만나고 좋아하면 인생 풍경은 더 넓어지고 깊어집니다. 제게는 '누군가'가 밑줄독서모임을 통해 만난 인연들이네요. 고맙습니다."

우리는 이 말에 고개를 끄덕이며 그분이 밑줄 그은 문장에 모두 밑줄을 그었습니다.

완독과 발제에 대한
부담이 없어요

─────── '다 못 읽어서 창피한데… 나만 못 읽었으면 어떡하지?'

'느낀 게 하나도 없는데 무슨 말을 해야 하나. 큰일이네.'

독서모임에는 나가고 싶은데, 이런 걱정과 부담감이 다가오는 순간이 찾아옵니다. 독서모임에 몇 번 참석했다는 분들이 처음 몇 번은 어떻게라도 책을 다 읽고 나갔는데 바쁜 일이 생겨서 책을 못 읽게 되니 자꾸 빠지게 되고, 그런 일이 반복되면 아예 나갈 수 없게 되더라고 말씀하셨어요.

밑줄독서모임은 이런 부담을 덜고 오실 수 있는 자리입니다. 책을 다 못 읽어도, 줄거리나 요점이 정리되지 않았어도, 무슨 뜻인지 이해하지 못했어도 괜찮습니다. 물론 밑줄독서모임은 밑줄 그으면서 책을 다 읽고 모임에 참석하는 것이 원칙입니다. 그러나 완독에 대한 부담이 적습니다. 책을 다 읽지 못했어도 모임에서 할 말이 있어요. 거창한 절차나 형식에 매일 필요 없이 그저 책에 그은 밑줄을 소리 내 읽고, 왜 그 부분이 와닿았는지 얘기하면 되니까요.

한번은 교사 독서모임에서 제가 쓴 《책 읽는 교실》을 함께 읽는 날이었어요. 그날도 책을 읽지 않고 나온 회원이 있었어요. 그 선생님은 워낙 바쁘게 사는 분이라 "독서모임에 참석한 것만으로도 내게는 충분한 독서 생활!"이라고 입버릇처럼 말하는 분이었어요. 그날 그분이 읽은 내용은 책날개에 쓰여 있는 저자, 그러니까 바로 저에 대한 짧은 소개 글이 전부였어요. 그 회원은 저자 소개 글에 그은 밑줄을 낭독하며 제게 질문을 해서 엉겁결에 짤막한 인터뷰를 당하게 되었는데요. 책을 전부 읽고 참석한 회원들보다 더 많은 이야기를 풀어내는 '재주'를 발휘했지요. 함께한 회원들에게도 제게도 매우 특별하고 재미있는 경험이었어요. 우리는 두고두고 그 이야기를 하며 즐거워했답니다.

밑줄독서모임 초기에 출석률은 매우 중요합니다. 책을 읽지 않아도 '무조건' 참석하다 보면 어느새 책 읽기를 좋아하는 자신을 발견하고 놀랄 거에요. '책 읽는 엄마학교'에서 밑줄독서를 했던 엄마들도 그랬답니다.

"밑줄독서모임은 편안해요. 책 읽고 내가 좋았던 구절이 왜 좋았는지, 이에 대한 솔직한 감상을 말하면 되니까 긴장이 덜해요."(장선숙)

"책 모임에 나가면 뭔가 정리된 생각이나 의견을 말해야 한다는 긴장감이 있었는데, 밑줄독서모임은 무슨 이야기든 할 수 있어서 좋습니다. 애초에 기획도 그렇지만 회원들이 그런 분위기를 만들어가려고 해요. 밑줄 그은 구절을 낭독하는 시간도 좋고요."(이숙현)

"여러 명이 같은 책을 읽고 다른 느낌을 받을 수 있다는 사실이 너무 새롭습니다. 매번 '아! 그럴 수 있겠구나' 하면서 나의 부족함을 깨닫고 있어요. 다른 생각들을 하나씩 들으면서 내 생각도 넓어지는 것 같습니다."(안미영)

이처럼 함께 읽으면 장점이 많습니다. 여러 사람의 밑줄 낭독을 들으면서 책의 중요한 부분을 알게 되니까 읽지 않아도 읽은 것처럼 핵심 내용과 맥락을 파악할 수 있습니다. 다른 사람들이 다들 재미있게 읽었다고 하니 책을 안 읽은 사람은 그 책이 궁금해져서 읽고 싶어지지요. 모임에 올 때는 가볍게 왔지만, 집으로 갈 때는 알지 못할 뿌듯함을 묵직하게 안고 돌아갈 수 있어요.

30분 동안
집중할 수 있는
'책 읽는 몸' 만들기

─────────── 어느 날 북카페에서 밑줄독서모임을 지켜보던 중년의 손님 한 분이 모임에 참여하고 싶다며 문의를 하셨어요. 책을 읽고 싶은데 도무지 실천이 안 된다고요. 이분에게 책 읽기는 하나의 도전이었습니다. 그때부터 2년 넘게 독서모임에 참여하고 있는데, 지금은 완전히 다른 모습입니다.

"독서를 하고 싶은 마음은 큰데 도저히 책에 집중이 안 되더라고요. 책 읽기에 대한 부담감을 덜어내는 데만 1년 이상 걸린 것 같아요. 처음에는 정말 힘들었어요. 하지만 참석하는 게 가장 중요하다는 여희숙 선생님 말씀을 무조건 따랐어요. 다 읽지 못해도, 내용을 전부 이해하지 못해도 그냥 모임에 갔습니다. 그러니까 조금씩 달라지더라고요. 처음 1년 동안은 끝까지 읽은 책이 한 권도 없었는데요. 2년이

지난 지금은 2주에 책 한 권을 읽어요."

밑줄독서모임에서는 이런 분들을 만나기가 어렵지 않습니다. '독서 근육'이 생겼기 때문입니다. 운동한 뒤 근육이 생기는 것처럼 책을 읽어낼 수 있는 능력이 몸 안에 장착된 것이지요. 이런 능력을 저는 '책 읽는 몸'이라고 부릅니다. 책 읽는 몸이란 책을 읽기 시작해 적어도 30분은 꼼짝 않고 집중해서 책을 읽을 수 있는 능력을 갖춘 몸이죠. 독서 근육이 없는 상태에서 혼자 힘으로 책 읽는 몸을 만들 자신이 없다면 의무감을 부과할 필요가 있어요. 운동을 안 하던 사람이 근육을 만들기 위해 초반에 트레이너의 도움을 받듯이 말이죠. 밑줄독서모임은 적당량의 의무감을 느끼도록 자극을 줍니다. 저와 오랫동안 교사 밑줄독서모임을 해온 광진초등학교 박현정 선생님 역시 "약속을 지키려고 하다 보니 어느 순간 되더라"고 말합니다.

"이 책은 무슨 일이 있어도 밑줄독서모임 전까지 반드시 읽는다, 이렇게 마음을 먹으니까 읽게 되고, 자연스럽게 성취감이 생기더라고요. 그러면서 읽는 게 쉬워졌어요. 주변이 아무리 시끄러워도 글에 빠져드는 힘이 생겼어요. 예전에는 책을 읽을 때 앞부분이 재미없으면 끝까지 읽지 못했는데요. 어떤 책이든 50쪽만 넘어가면 가속도가 붙으면서 재미있어지더라고요. 이 세상에 재미없는 책은 없다는 것을 알게 되었어요."

　젊은 시절에는 책 읽는 몸이었는데, 한참 그 근육을 안 쓰게 되었다면 어떨까요? 저와 3년 넘게 2주에 한 번씩 밑줄독서모임을 하고 있는 분들이 계신데요. 이분들은 이삼십 대만 해도 튼튼한 독서 근육을 자랑했던 분들입니다. 취업하고 결혼하고 아이 키우면서 책과 멀어졌다가 다시 책을 읽고 싶어 밑줄독서모임에 동참했는데요. 3년이 지난 지금은 1년에 100권도 읽는 내공이 생겼습니다. 한 번 생긴 근육은 한동안 사용하지 않았다고 해도 금방 다시 활성화되니까요.

'책 읽는 몸'을 만드는 3가지 방법

○ 계획을 세워서 꾸준하게 실천해야 합니다

그렇지 않으면 독서는 뒷전으로 밀리기 쉽습니다. 밑줄독서모임 일정에 맞춰 하루에 어느 정도 읽어야 완독할 수 있는지 계산해봅니다. 보통 평일 5일 동안 독서를 한다고 가정하고 분량을 나누어봅니다. 토요일과 일요일은 평일에 완수하지 못한 분량을 읽는 시간으로 생각해야 합니다. 그래야 독서 일정이 밀리지 않습니다. 한 번 밀리기 시작하면 포기하고 싶어지거든요.

○ 하루 중 언제 읽을지 정해 놓으면 좋습니다

절대 방해받지 않는 시간을 고정해 습관으로 안착시키는 겁니다. 아침에 일어나자마자, 출퇴근 시간에, 잠자리에 들기 전, 저녁 먹고 난 후 등등 저마다 다를 겁니다. 아이가 잘 때나 유치원 갔을 때 30분씩 알람을 맞춰 놓고 읽을 수도 있고, 출퇴근 시간을 이용해 버스를 기다리거나 지하철을 타고 이동하는 시간에 책을 읽을 수도 있어요. 아침형인지 저녁형인지에 따라 집중력이 좋은 시간대를 선택할 수도 있겠지요.

○ 틈날 때마다 읽는 방법도 좋습니다

저는 일하는 공간이나 집 곳곳에 독서대를 서너 개 정도 두고 각각 다른 책을 펼쳐두고 읽습니다. 서너 권을 동시에 읽는 셈이지요. 책상에 앉으면 이 책을 읽고, 식탁에 앉으면 다른 책을 읽고, 일하는 곳에 나오면 또 펼쳐진 다른 책을 읽습니다. 잠깐이라도 시간이 나면 책을 읽는 겁니다. 그러려면 가방에 언제나 책이 들어 있어야겠지요.

이런 책을
읽게 될 줄이야

─────────── 경제·경영 분야 책을 주로 읽는 사람이 에세이나 시 분야를 읽기란 쉽지 않습니다. 온라인 서점에서도 그동안 구매한 이력을 토대로 추천을 해줍니다. 그래서 혼자 읽으면 비슷비슷한 책을 읽게 되지요.

독서 쏠림, 독서 쳇바퀴에서 벗어날 방법으로 좋은 것이 '함께 책을 고르고 읽는 것'입니다. 다른 사람이 권해주는 책을 읽으면서 내가 전혀 몰랐던 새로운 세상에 눈을 뜨게 됩니다.

한 예로 《까대기》라는 책이 있습니다. 제가 다양한 밑줄독서모임에 자주 추천하는 책으로, 택배기사 이야기를 담은 만화책입니다. 실제로 6년 동안 택배 일을 하며 만화를 그린 작가가 자신의 경험을 바탕으로 집필한 작품이라 생생한 택배 노동 현장의 목소리가 담겨 있는데, 책을 다 보고 나면 이런 후기가 나옵니다.

"저보고 고르라고 했다면 절대로 고르지 않았을 책이에요. 추천해주셔서 고맙습니다."

"혼자라면 절대 읽을 일이 없었을 거예요. 읽게 되어 다행입니다."

"교사들은 다양한 분야에 관한 책을 읽고 수업을 해야 하는데, 이런 책이 유용합니다. 정말 좋네요."

평소에 읽어보고 싶었지만 혼자 읽기 버거운 책도 함께 읽으면 성공률이 높아집니다. 고전이 대표적이죠. 큰마음 먹고 고전 읽기에 도전했다가 실패한 경험이 다들 있을 겁니다. 몇 번 시도했다가 어렵거나 지루해서 몇 페이지 못 읽고 덮어버리게 되면 아예 고전 읽기를 포기하게 되죠. 이런 책도 밑줄독서모임에서는 끝까지 읽을 수 있습니다. 함께 읽고 이야기를 나눌 수 있는 '동행'이 있기 때문입니다.

진주 마하도서관에서 낭독모임에 참석하는 정혜윤 님 이야기입니다.

"밑줄독서모임에서 따뜻한 소속감을 느낍니다. 책을 읽고 난 후 같이 생각을 나눠보는 시간이 있어 책 읽기가 흥미로워졌어요. 무엇보다 두꺼운 책은 읽고 싶어도 엄두도 내지 못했는데 모임에 함께하면서부터는 두꺼운 책에 대한 두

려움이 없어진 것 같아요."

밑줄독서모임 8년 차, 초등학교 교사인 문예슬 님의 경험담입니다.

"박지원의 《열하일기》 세 권짜리를 100일간 온라인 모임으로 읽었는데요. 끝까지 읽을 수 있었던 건, 제가 이 부분이 재미있었다고 말할 때, 맞장구쳐주는 분들이 있어서였어요. 마라톤을 같이 뛰는 느낌이었어요. 옆에 누가 뛰고 있으면 같이 뛸 수 있잖아요. 완전히 내용을 이해할 수 있었던 건 아니지만 일단 끝까지 읽어본 경험이 소중했어요. 어려운 책을 읽는 데 자신감이 생기더라고요."

이뿐인가요. 한 권의 책이 줄 수 있는 기쁨을 온전히 맛보게 됩니다. 길동무 독서모임 4년 차 정금현 님의 이야기입니다.

"책은 한 권이지만 그 책이 주는 기쁨은 한 권 이상이지요. 그걸 알게 해준 계기가 책을 두 번 읽게 된 거예요. 처음에 책을 받으면 궁금해서 후루룩 읽어보고, 두 번째는 음미하면서 읽어요. 그래서인지 처음보다 두 번째 읽을 때 시간이 더 걸리더라고요. 하지만 두 번 읽으면서 책이 전하는 내용을 깊이 있게 알게 되었습니다. 어려운 책은 세 번도 읽는데 대표적인 책이 《유라시아 견문》입니다. 세 번 읽은 뒤에는 그 책에서 언급하는 세계 철학사, 이슬람 철학책 등이 궁금해 찾아 읽게 되었어요. 《내 영혼을 위한 시네마》를 읽고 나서는 영화를 다시 보게 되었고, 《이럴 때, 연극》을 읽고 나서는 희곡을 찾아봤어요. 예전에는 몰랐던 것들을 새롭게 알고 느끼게 되었어요."

혼자 읽기 벅찬 어려운 내용이거나 여러 권으로 이어지는 책의 경우, 낭독모임으로 읽어도 좋습니다. 책 읽을 시간이 절대적으로 부족한 회원들이 많거나 구성원의 연령대가 높은 모임, 책 읽기 싫어하는 초등학교 고학년 친구들에게도 권하는 방법이 낭독모임입니다. 낭독모임에 대해서는 뒤에서 자세히 다루고 있습니다.

나와 생각이 다른
사람의 말도
경청하게 돼요

──────── 독서모임에서는 회원 수만큼 다양한 이야기가 오갑니다. 밑줄을 그은 부분도 제각각 다르고, 밑줄 그은 사연으로 상상도 못했던 다채로운 경험과 생각이 쏟아져 나옵니다. 세상에는 정말 다양한 사람, 다양한 삶의 방식, 다양한 세계가 있음을 깨닫게 되지요. 그래서 밑줄독서모임은 더 흥미진진해집니다. 모임을 한 지 2년이 되어간다는 김현미 님은 특별히 《따뜻한 경쟁》이란 책을 기억했습니다. 다양한 시각을 통해 사고가 확장되는 걸 절감했다고요. 정소영 님은 4년간 모임에 참석하면서 모임 때마다 추억이 많지만, 특히 의견이 서로 달랐던 책들이 기억에 남는다고 합니다.

다른 생각은 사람들 관계를 불편하게 만듭니다. 함께 책 읽는 모임을 위협하는 가장 큰 요소가 바로 이 '생각 차이'입니다. 친한 사이라도 정치나 종교 이야기는 하지 말라고 하지요. 독서모임에서도 이와 관련된 내용이 나오면 분위기가 어색해지곤 합니다. 감정이 상해 서로에게 되돌릴 수 없는 상처를 남기거나 모임에서 나가기도 하고, 심하면 도란도란 나누던 모임이 깨지기도 하지요.

이 문제를 어떻게 해결할까 고심하다가 규칙을 만들었습니다. 첫째는 자기 순서에만 말을 해야 한다, 둘째는 다른 사람이 이야기하는 중간에 끼어들면 안 된다, 이 두 가지 규칙을 만들어 실천했습니다. 이후 회원들은 자신의 태도에 조금씩 변화가 생겼다고 고백하더군요.

"처음에는 입이 근질근질했어요. 중간에 말을 끊고 그게 아니라고 소리치고 싶을 정도였거든요. 하지만 다른 사람의 말이 다 끝날 때까지는 아무도 끼어들면 안 된다는 규칙이 있어서 참았지요. 그러면서 오히려 내가 얼마나 내 이야기만 하는 사람인지 깨닫게 되었어요."

"내 생각과 다른, 정반대의 의견을 처음부터 백 퍼센트 수용하게 되지는 않습니다. 그래도 일단은 끝까지 참고 들어야 하니 듣기만 하는데 이상하게 마음이 차분해지더라고요. 지금은 '그게 아니고요' 하며 끼어들고 싶은 조바심이 많이 사라졌어요. 어렵지만 이해하려 노력하니까 조금씩 되더라고요."

경청이라는 게 어렵습니다. 그러나 어려운 만큼 잘 해내면 더 멋진 사람이 될 수 있어요. 모임을 처음 시작하거나 강의할 때 제가 내는 수수께끼가 있는데요. 한번 풀어보시겠어요?

"이걸 잘하면 시험에서 일등 할 수 있습니다. 이걸 잘하면 친구들 사이에서 인기 짱이 될 수 있습니다. 위인전에 나올 만한 인물도 될 수 있습니다. 평생 맛있는 음식을 공짜로 먹을 수 있습니다. 이것은 무엇일까요?"

이 네 가지를 모두, 동시에 만족시킬 수 있는 것, 바로 경청입니다. 어떻게 해야 경청을 잘할 수 있을까요?

첫째, 나와 다른, 때로는 정반대로 생각하는 사람이 세상에 절반은 있다는 사실을 인정하는 겁니다.

둘째, 바른 자세로 앉아 말하는 사람을 쳐다보면서 듣습니다.

셋째, 고개를 끄덕이며 "그렇군요", "네~~" 하며 적극적인 반응을 보여야 합니다.

넷째, 끝까지 들어야 합니다.

다섯째, 상대가 하는 말을 어떻게 반박할까 생각하지 말고

들을 땐 듣기만 합니다.

이런 마음과 태도로 들으면 다른 사람, 다른 세상에 대한 이해가 생깁니다. 자연스럽게 자신의 생각과 견주게 되면서 이전까지 몰랐던 자신의 단점을 발견하게 됩니다. 엄마 밑줄독서모임과 아빠 밑줄독서모임에는 모임에서 익힌 경청의 태도 덕에 자녀들과 사이가 좋아졌다는 부모님들이 많습니다. '우리 애가 이런 생각을 하는구나'라고 생각하면서 고개를 끄덕이며 들어주니 입 꾹 다물고 있던 아이들이 점점 말문을 열더라는 겁니다.

경청은 내가 듣고 싶은 말을 듣는 게 아니라 상대가 하고 싶어 하는 말을 듣는 일입니다. 저와 모임의 친구들은 꾸준히 함께 읽고 밑줄독서모임에서 다른 의견을 듣고 내 의견을 내놓는 과정에서 한 단계 성숙해진 자신을 발견합니다.

마음이 맞는
인생친구가
생겼어요

──────── 사회생활 하다 보면 속마음을 나눌 수 있는 친구를 만나기가 어렵다고들 합니다. 그렇다면 당장 밑줄독서모임에 와보시라 말씀드리고 싶어요. 저와 함께 책을 읽었던 많은 분이 독서모임을 통해 좋은 친구를 만났다고 기뻐합니다.

"엄마들 모임이 가끔 있는데, 만나고 오면 허탈해요. 주식 얘기, 부동산 얘기, 애들 입시 얘기만 하는데 나중에는 머리가 아파지죠. 그런데 밑줄독서모임 다녀오면 거짓말처럼 머리가 맑아집니다. 밑줄 친 내용을 듣고 있기만 해도 명상이 되는 느낌이 들어요."

"밑줄 그은 문장 중에 좋은 문장이 많잖아요. 그러니까 그냥 힐링이 됩니다. 저는 좋은 문장을 만나면 골라서 친구들에게 가끔 보내주는데요. 친구들이 참 좋아해요."

"인상주의에 관한 책을 읽고 나서 모임 사람들과 연말에 인상파 그림 전시회를 갔어요. 그림이 확 와닿는 거예요. 화가 이야기, 그림 이야기를 나눌 수 있는 사람들이 있어서 너무나 행복했어요."

책을 좋아하는 사람들이 대체로 새로운 정보, 세상의 흐름에 민감하고 관심사가 폭넓지요. 세상에 좋은 영향을 주려고 노력도 하고요. 그래서 항상 모임에서는 새롭고 따뜻한 화제가 샘솟아요. 또 밑줄 그은 문장에 관해서 이야기하려면 결국 개인의 일상과 관심사, 고민을 털어놓을 수밖에 없는데요. 말하는 것만으로도 마음이 편안해진다고 해요. 책을 통해 혹은 다른 분들의 이야기를 들으며 고민거리가 정리되기도 하고요. 밑줄독서모임 4년 차 최성희 님은 좋은 책, 좋은 사람들이 있어서 어려운 고비를 잘 넘길 수 있었다고 고백합니다.

"아이가 초등학교에 입학하면서 부적응으로 힘들었는데, 모임에서 읽은 책을 통해 아이를 이해할 수 있는 단서를 찾았어요. 나 자신의 고정관념, 통념이 한 꺼풀씩 벗겨지는 경험을 했어요. 독서모임 회원들의 조언이나 위로도 큰 힘이 되었습니다. 밑줄독서모임은 제게 명상하는 시간입니다.

그동안 읽은 책과, 책을 함께 읽은 친구들이 있었기에 기운을 낼 수 있었어요."

직장 내에서 독서모임을 만든 분들도 있습니다. 책을 읽으며 동료들과 만나니 의외의 소득이 있었답니다.

"옆자리에 앉아 있어도 저마다 바쁘고 자기 생활이 있으니 대화가 거의 없었어요. 그런데 책 읽고 밑줄을 나누면서 옆의 직원이 요즘 표정이 왜 저랬는지, 무슨 고민을 하고 있는지를 자연스럽게 알 수 있게 되더라고요."

"회사 생활이 매일 스트레스의 연속이잖아요. 직장 독서모임에서 추천해준 책《좁쌀 한 알》을 읽었는데 장일순 선생이란 분을 알고 너무나 존경스러웠어요. 책상에 두고 가끔 힘들 때 아무 곳이나 펼쳐봅니다. 제게는 인생책이 되었어요."

"일에 관련된 대화만 하다가 어느 날 독서모임에서 문화재에 관한 책을 읽었는데 상사가 문화재나 유적에 관심이 많다는 걸 알게 되었어요. 그 뒤로 그분이 조금 다르게 보이던데요. 불편하고 어렵기만 했는데 관계가 훨씬 편해졌어요."

모임이 오래 지속되면 회원들이 어떤 부분에 밑줄을 쳐 올지 막연하게 예상이 되기도 합니다. "이 부분 읽으면서 금현 씨가 밑줄을 그어 오겠구나, 생각했어요"라는 얘기가 나올 정도면 그만큼 관계가 깊어졌다는 뜻입니다.

흔히들 부부는 닮는다고 하지요. 사이좋은 부부일수록 닮아가더라는 가설을 증명하는 연구도 여럿 있고요. 밑줄독서모임을 통해서도 비슷한 모습을 보게 됩니다. 어쩐지 오래 같은 책을 읽은 사람들은 서로 결이 닮아가는 것 같아요. 밑줄독서모임을 오래 해온 문예슬 선생님도 이에 동감한다고 해요.

"8년 동안 책을 같이 읽다 보니 삶에 대한 가치관 같은 것을 공유하게 되더라고요. 신기하게도 서로 닮아가는 것 같아요. 함께 읽은 책들이 쌓이는 만큼 우리가 함께 성장하고 있다는 느낌이 들어요."

행복한 삶의 조건 중 하나가 통하는 친구 몇 명과 긴밀한 관계를 유지하는 것인데요. 독서모임을 5년, 10년 이상 함께하는 친구가 있다면 '세상은 어차피 혼자야', '너무 외로워서 우울해'라는 생각은 들지 않겠지요?

나만의 문장이 담긴
보물상자 만들기

──────── 책을 읽고 난 뒤 기록한다고 하면 보통 독후감을 생각합니다. 책을 정독하고 나서 줄거리도 정리하고, 책에 관한 생각이나 의견을 적으면 좋겠지요. 책을 읽고 그냥 덮으면 내용도 감상도 쉽게 잊히지만 독후감을 쓰면 오래 기억에 남습니다. 하지만 해보신 분들은 압니다. 독후감 쓰기가 결코 만만한 일이 아니라는 것을요. 독후감을 쓰고 싶지만, 부담되고 힘들어서 쓰지 못하고, 그에 대해 아쉬움을 갖는 분이 많아요. 밑줄독서모임에서는 책에 있는 문장 그대로를 베껴 쓰는 것만으로도 충분합니다. 책 제목과 감동받은 문장, 인상 깊었던 문구를 정성껏 옮겨 적기만 해도 훌륭한 독서 기록이 되기 때문이죠.

디지털 세대는 스마트폰에 메모를 하는 게 편하다고 하지만, 저는 손으로 직접 써보라고 권합니다. 좋은 문장을 직접 써보면 책의 내용이 선명해집니다. 눈으로만 읽었을 때와 다른 뜻이 있음을 알게 되기도 하고요. 또 손으로 쓰면 몸이 기억하는 것 같습니다.

마하어린이도서관 사서 김미연 님과 마하어린이도서관 활동가 손명진 님은 밑줄독서모임을 하면서 의외의 발견을 했다고 합니다.

"도서관에서 일하지만 책과 친해지기가 참 힘들다고 생각했어요. 그런데 내가 원하는 부분에 밑줄을 긋고 필사를 하면서 독서를 새롭게 발견했어요. 독서 편식이 심했는데, 밑줄독서를 만나서 아주 오랜만에 제가 좋아하는 장르의 책이 아니더라도 읽고 싶고 필사하고 싶다는 생각을 하게 되었습니다. 특히 밑줄 그은 문장을 손으로 쓰는 일은 끄적끄적 쓰기 좋아하는 제게 그 자체로 매력적인 활동이었습니다. 책은 눈으로 읽는 것이라고 생각했는데 온몸으로 읽게 되었다고 할까요."

"밑줄 그은 부분을 적어놓다 보니 생각에 그치지 않고 행동으로 옮기게 되더라고요. 그러기 위해 더 노력하고 있어요. 책으로 연결된 사람들은 서로 선한 에너지를 주고받으며 성장하고 있다는 것을 느끼고 있어요. 특히 밑줄독서모임 하면 '함께', '기쁨', '뿌듯함' 이런 말이 떠오릅니다. 그 동안 밑줄 그은 문장을 적어놓은 노트는 저의 '보물상자'예 요. 빈 페이지를 열심히 채워가고 있답니다."

밑줄 그은 내용은 책 속에서 만난 좋은 문구입니다. 문장 자체로 아름답기도 하고, 깊이 생각하게 해주기도 합니다. 남원 도통초등학교에서 '책 읽는 학교 만들기' 연구부장을 맡으셨던 김애자 선생님은 밑줄 노트를 만들면서 필사의 매력에 깊이 빠진 분입니다.

"필사하니 글자로만 남는 게 아니라 마음에 새겨지더라 고요. 제가 필사한 내용을 넘겨 보면서 이 문장을 기록할 때 의 마음과 다짐을 되새기게 되고요. 밑줄을 기록한다는 것 은 단순히 읽은 책에 대한 기록이 아니라 나만의 역사가 됩 니다. 이렇게 좋은 걸 혼자만 하는 게 미안해서 필사 모임을 만들었어요."

'나'라는 사람을 어떻게 설명할 수 있을까요? 저는 밑줄 의 기록이 그 단서가 된다고 생각합니다. 읽은 책의 목록과 필사한 문장을 통해 내가 어떻게 시간을 보냈고 어디에 관 심을 가져왔는지, 무슨 고민을 했고, 어떻게 해결하려고 했 는지 인생 이력을 살펴볼 수 있지요. 자신에게 빛이 되어준 문장들로 채워진 공책은 나만의 독서 실록, 나만의 명상록, 평생 간직하고 싶은 '보물상자'가 되는데요. 어떠세요? 세상에 단 하나뿐인 나만의 보물창고 같은 공책을 갖고 싶지 않으세요?

나의 밑줄

학교 선생님에게는 누가 하느님인가? 그렇다. 학생이다. 공무
원에게는 누가 하느님인가? 지역주민이다. 대통령에게는 국민
이 하느님이고, 신부나 목사에게는 신도가 하느님이다.

_장일순, 《좁쌀 한 알》, 46쪽

3

밑줄독서모임 운영하는 법

독서모임 꾸리는
단계별 노하우

──────── 밑줄독서모임을 만들고 운영하는 방법은 비교적 간단합니다. 그래도 새롭게 모임을 만들고자 한다면 여러 가지를 꼼꼼하게 챙겨야 하겠지요. 하나씩 살펴볼까요.

먼저 어떤 사람들과 함께할지부터가 고민일 겁니다. 가장 추천하고 싶은 형태는 친목 모임에서 만나는 사람들의 동의를 얻어 독서모임으로 서서히 전환하는 것입니다. 공통의 관심사를 갖고 있는 또래 친구들, 직장 모임, 학부모 모임 등이 있겠네요. 학교에서 여는 학부모 독서연수가 있다면 연수를 들은 이후에 모임을 꾸려볼 수도 있겠습니다.

처음에는 부담을 덜 갖도록 한 달에 한 권 책을 읽어보자고 제안합니다. 모임을 해보고 반응이 좋다면 한 달에 두 번, 가속도가 붙고 책에 대한 갈증이 생기면 일주일에 한 번으로 바꿔봅니다. 반대로 진행하는 것도 하나의 방법입니다. 마음먹었을 때 매주 한 번씩 만나서 책 이야기도 나누고 마음도 나누다가 책 읽기가 익숙해지고 두꺼운 책을 읽기 시작하면 격주 모임으로 바꾸어도 좋습니다.

가능하다면 일주일에 한 번 모임을 갖기를 강력하게 추천합니다. 처음 100권을 읽을 때까지는 습관을 만들어야 하니까요. 책을 읽기 시작해 30분간 책에 집중할 수 있는, 이른바 '책 읽는 몸'을 만들려면 읽기에 부담이 적은 책으로 계속 연습해야 합니다. 일주일에 한 번 모임을 가져 2년 정도 지나면 대략 100권을 읽게 되는데, 이때 비로소 책 읽는 몸이 만들어져요. 그다음부터는 2주에 1회도 좋습니다. 이쯤 되면 초기에는 읽기 어려웠던 무게감 있는 책도 읽을 수 있어요. 그럴 때는 2주에 한 권씩 읽고 모임을 갖거나 한 권을 절반으로 나눠 읽고 일주일에 한 번 만나는 식으로 유연하게 운영할 수 있겠지요.

모임의 인원은 8~10명이 바람직합니다. 개인 사정에 따라 출석률에 변동이 있지만 대체로 70~80퍼센트, 그러니까 5~6명 정도 참석합니다. 이 정도가 2시간 동안 이야기 나누기에 적당한 인원이에요.

장소 선정도 중요한데요. 교통이나 분위기를 고려해 서너 번 모임을 가진 뒤 회원들의 의견을 듣고 모임에 최적이라는 판단이 들면 정기적인 모임 장소로 고정합니다. 같은 장소에서 만나면 독서모임에 특별함이 더해지니까요. 규모는 실제 참석 인원보다 서너 명이 더 앉을 수 있게 공간을 확보하는 것이 좋습니다. 동네 책방이나 공공기관의 열린 공간도 활용할 수 있습니다. 저는 보통 방이 따로 있는 북카페나 스터디카페를 이용했어요. 모임 후 뒤풀이는 새로운 장소로 자리를 옮겨 가졌고요.

책 모임이니 무엇보다 가장 중심에 두어야 하는 것은 책 선정입니다. 모임이 계속 이어지느냐 마느냐를 결정하는 중요한 조건이지요. 이에 대해서는 뒷부분에서 조금 더 상세하게 설명해 드릴게요.

모임에 리더나 운영진이 있어야 하는지도 궁금하실 거예요. 리더가 없어도 가능한 게 밑줄독서모임의 장점인데요. 회원들이 돌아가면서 리더를 해보는 것도 좋습니다. 책을 공동구매한다거나 뒤풀이 장소를 정할 때 누군가 일을 맡을 수밖에 없으니까요. 공간 대여비나 음료 비용 등 필요 경비를 각자 지불하는 방법도 있고요. 월 회비를 내서 책 구매도 공동으로 하고 운영비로 쓰는 것도 좋습니다.

모임을 오래 행복하게 지속하기 위해서는 '이것만은 지키자'라는 약속이 있을 겁니다. 최소한의 원칙과 기본적인 예의라고 할 수 있겠지요. 이것을 공유하고 숙지하면 좋겠어요.

모임이 계속되면 중간에 새로운 멤버가 들어오게 되는데요. 이때 어떻게 하는지가 매우 중요합니다. 사전에 모임 구성원들에게 어떤 사람이 들어오려고 하는데 받아줄지 의사를 물어야겠지요. 신입회원에게도 회원들이 공유하고 있는 모임의 원칙을 반드시 숙지하도록 해야 합니다.

오래 지속하기 위한
최소한의 약속
4가지

'온유한 책 읽기'를 해요

밑줄독서모임을 시작했다면 적어도 100권을 읽을 때까지
는 '온유한 책 읽기'를 하자고 약속합니다. 온유한 책 읽기
란 책에서 먼저 좋은 점을 발견하고 배우려는 자세로 읽는
것을 말합니다. 그리고 책과 사람에 마음을 열고자 하는 노
력을 말합니다. 책의 내용이 내 생각과 다를 때, 모임에서
나와 다른 의견을 가진 사람이 있을 때 '이런 생각을 가진
사람도 있구나' 하면서 타인을 존중하는 태도를 갖는 겁니
다. 이때 내 생각을 바탕으로 타인의 생각을 판단하는 것이
아니라, 내 생각과 타인의 생각을 동일 선상에 놓는 것이
중요합니다. 처음에는 불편한 감정을 느낄 수 있습니다. 그

러나 다른 생각이 내게 자극을 주고, 그로 인해 내 생각을 더 또렷하게 알게 되지요. 자신의 부족한 점도 발견하고, 누군가의 의견을 비판할 때도 훨씬 논리가 풍부해집니다. 결국 나를 성장시키는 방법이 되는 것이지요.

책 리스트가 마음에 들지 않더라도 내 생각을 내려놓고 새로운 세계로 들어서 보는 것이 '온유한' 독자의 자세입니다. 이는 생각을 확장하고 심화하는 더없이 좋은 방법이지요.

다 읽지 못해도 참석해요. 아무 문제 없어요

집 지을 때 땅을 다지듯 모임 초기에는 기반을 단단히 다져야 하는데요. 그러기 위해선 자주 얼굴을 보고 친해지는 시간이 필요합니다. 안 읽었어도, 다 못 읽었어도 꾸준히 만나 얼굴을 보는 것이 모임이 성공하는 데 절반을 차지합니다. 어느 정도나 읽었든 간에 밑줄 그은 부분을 낭독하고 밑줄 그은 이유를 이야기하면 되니까 책을 다 읽지 못했다 하더라도 다른 사람들이 읽어주는 밑줄과 느낌을 들으면서 책 내용을 대강 파악할 수 있습니다.

진주에서 3년 넘게 이어지고 있는 아빠 밑줄독서모임 회원들은 심지어 "책 안 읽어 와도 됩니다. 와서 맥주 한잔하고 가세요"라고 하더군요. 이처럼 즐겁게 참여하는 분위기를 만들다 보니 책도 더 많이 읽게 되고 회원들이 늘어나 독서모임도 활성화되었지요.

자기 순서에만 말을 해요

밑줄독서모임에서는 한 사람씩 돌아가면서 순서대로 이야기합니다. 보통은 시계 방향이나 시계 반대 방향으로 이야기하는 식으로 규칙을 정하고 그 규칙을 꼭 지키도록 노력합니다. 그러면 누구나 동등하게 말할 기회를 누리게 됩니다. 자기 차례가 되면 충실히 자신의 의견이나 감정을 이야기하고요. 다른 사람 차례가 되면 그 시간은 온전히 그 사람의 것이 되도록 존중해줍니다. 이야기가 끝날 때까지 중간에 끼어들지 말고 경청하는 것이지요.

순서대로 말하는 규칙이 잘 지켜지도록 말하기 인형을 이용하기도 합니다. 손에 쥐어질 만한 작은 인형을 하나 준비해서 인형을 들고 있는 사람만 말하도록 약속을 하는 것이지요. 어른들 모임에서는 두 손에 쥘 수 있는 작은 인형이, 초등학생 책 모임에서는 품에 안을 수 있는 커다란 곰 인형이 좋습니다. 아이들이 훨씬 안정감을 찾고, 독서모임 자체를 즐겁게 기억하거든요.

모임에서 밑줄을 필사해요

밑줄독서모임의 마지막 순서는 필사입니다. 책에 밑줄 그은 부분 중에서 인상 깊은 부분을 모임에서 발표하고, 발표한 내용을 손글씨로 공책에 옮깁니다. 필사를 하면 밑줄의 내용이 분명하게 와닿으면서 책 한 권을 온전히 소화한 느낌이 들어 뿌듯합니다. 마음도 차분해지지요.

모임을 해보면 필사는 집에 가서 하겠다면서 공책을 덮는 분들이 많이 있는데, 그 결과는 어떨까요? 다음 모임에 빈 공책을 들고 오는 경우가 대부분입니다.

일상생활을 하다가 읽었던 책을 다시 펼쳐서 밑줄 그은 부분을 옮겨 쓰는 시간을 갖는다면 얼마나 좋겠어요. 그러나 경험상 그런 일이 일어나기란 매우 어렵습니다. 단 한 줄이라도 모임 자리에서 꼭 필사하기! 잊지 마시라 말씀드립니다.

도서목록은
모임의 성패를 좌우하는
핵심 요소

─────────── 책 목록 정하기는 모임의 본격적인 출발을 뜻
해요. 모임이 결성되면 회원들이 책 목록을 같이 만들면 좋
습니다. 목록을 정하는 과정에서 책 모임에 대한 애정을 갖
게 되고, 서로의 관심사를 알 수 있기 때문입니다.

여럿이 읽기 때문에 모임에서 책을 선정할 때는 특별히
고려해야 할 사항이 있어요. 우선 모든 회원이 완독할 수 있
는지, 여러 사람이 이야기를 나누기에 적당한지를 살펴야
합니다. 좋은 책이라고 추천했는데 더 이상 출간되지 않아
구매하기 어려운 책도 있으니 절판 여부 또한 알아봐야 하
지요. 초기에 잘 해보려는 의욕이 넘쳐 목록을 많이 확보해
두는 경우도 있는데요. 목록 전체를 확정하기보다는 두 달
에 한 번이나 분기별 한 번 정도 공백을 두시라고 말씀드려

요. 계절, 모임의 분위기, 해당 시기의 이슈, 신간 등 상황에 따라 읽고 싶은 책이 생길 수 있으니까요.

책 선택은 모임의 성패를 가르는 중요한 요소인데요. 특히 초반에는 재미있는 책을 우선순위에 놓으면 좋습니다. 책이 좋아져야 모임에 빠지지 않게 되고, 그래야 모임에 활기가 생기니까요. 정말 재밌는 책을 만나 책에 폭 빠지는 경험을 한 번만 하게 되면 책을 대하는 태도가 달라져요. 쉽고 재미있는 책을 만나 끝까지 완독하는 경험을 하게 되면 책 읽기가 이렇게 재미있는 일이었냐는 말이 절로 나오게 됩니다. 청소년 밑줄독서모임 조주빈 학생의 경험담입니다.

"처음에는 자존심이 좀 상한다 싶더라도 엄청 쉬운 책부터 읽어야 해요. 쉬운데 재미있는 책요. 친구들이 책을 추천해달라고 하면 저는 무조건 재미있는 책을 추천해요.《초콜릿 레볼루션》같은 책요. 국가에서 단것을 금지해서 나중에 혁명이 일어나는 내용인데 정말 재미납니다. 원작이 있는 만화나 영화도 적극적으로 추천해요."

다양한 세대, 다양한 관심사를 가진 사람들을 만족시킬 책이 얼마나 있냐고 궁금증을 가질 수 있습니다. 얼마든지 있어요. 제주에서 발도르프 인형 공방을 운영하는 이성희 님은《아베 히로시와 아사히야마 동물원 이야기》를 적극 추천합니다.

"이 책을 쓴 작가의 삶도 흥미로웠고, 작가의 삶에 대한 태도, 생명과 일에 대한 웅숭깊은 태도를 접할 수 있어서 매우 즐겁게 읽은 기억이 납니다. 쉬운 문장으로 재미있게 쓴 글이라 읽을 때 많이 웃었어요. 깊이 생각할 거리도 있고요. 생각만 해도 즐겁고 기분 좋은 책입니다."

이 책을 쓴 그림책 작가 아베 히로시는 그림을 따로 배운 적이 없습니다. 철공소와 동물원에서 일했던 경험이 전부인 데요. 작가는 이 책에서 자연을 사랑하고 그림을 좋아했던 평범한 아이가 그림책 작가가 되기까지 자전적 이야기를 담아냈어요. 동물 전문가로서 들려주는 풍부한 지식, 생명과 죽음에 대한 성찰까지 폭넓은 내용을 녹여냈는데요. 어린이부터 어르신까지 읽을 수 있는 책이죠. '꿈이란 뭘까', '꿈은 언제 어떻게 찾을 수 있을까', '멋진 인생이란 어떻게 사는 것인가', '가치 있는 죽음이 있는가' 등등 나눌 수 있는 화제도 넘쳐납니다. 지금은 아쉽게도 절판이 되었지만 도서관이나 중고서점을 통해 구해서 읽어볼 수 있으면 좋겠지요.

책 모임을 만들고 나서 읽을 책을 추천해달라고 요청하는 분들이 많은데요. 저는 되도록 '혼자라면 절대 읽지 않을

모임 초기에 읽기 좋은 책

비벌리 클리어리, 선우미정 옮김,《헨쇼 선생님께》, 보림

신영복,《청구회 추억》, 돌베개

나카무라 요시후미, 정영희 옮김,《집을 생각한다》, 다빈치

안소영,《책만 보는 바보》, 보림

유은실,《순례주택》, 비룡소

오기출,《한 그루 나무를 심으면 천 개의 복이 온다》, 사우

라헐 판 코에이, 박종대 옮김,《바르톨로메는 개가 아니다》, 사계절

주중식,《잘 배우는 길》, 현북스

이종철,《까대기》, 보리

책'을 목록에 넣어보라고 권합니다. 자신이 좋아하는 책은 혼자 읽으면 됩니다. 그러나 혼자 읽다 보면 자신이 가진 관심사를 벗어나기 쉽지 않습니다. 같이 읽는 기회를 십분 활용해서 내 한계를 넘어서 보는 겁니다. 제주도 책 읽는 엄마학교에서 엄마 밑줄독서모임을 해온 이숙현 님 이야기입니다.

"책 모임을 여러 개 참여해왔는데요. 어떤 모임에서는 베스트셀러, 아이들 사이에서 쟁점이 되는 책, 혼자 읽기 버거

운 책들을 주로 읽어왔어요. 밑줄독서모임은 역사, 환경, 사상, 고전 등 평소 읽지 않을 책을 추천해주니까 평소와는 전혀 다른 결의 책을 접하게 됩니다. 그렇게 읽다 보니까 책 보는 안목이 넓어졌어요."

책이 정해지면 책을 구매해야 하는데요. 책을 꼭 사야 하냐고 묻는 분들이 있습니다. 좋은 책은 두고두고 읽어야 하고 밑줄도 긋고 메모도 해야 합니다. 그러려면 사서 읽는 것이 좋겠지요. 친한 친구에게 빌려주기도 하고 아이들에게 권하기도 하려면 사서 읽고 가지고 있어야겠지요. 내키지 않는다면 도서관에서 빌려 읽어도 좋습니다. 읽다가 밑줄 그을 대목이 10곳 이상 생기면 마음을 내서 사면 좋겠습니다.

물론 저도 도서관에 가서 책을 찾아 읽습니다. 대형 서점 매장을 쉽게 갈 수 없으니까 도서관에 가서 관련된 책을 모두 꺼내서 훑어보는 겁니다. 그중에 사야 할 책을 고릅니다. 사실 저는 책을 꼭 사야 하냐고 묻는 분들에게 이렇게 말씀드리고 싶어요.

"빌려 읽어도 되는 책은 안 읽어도 됩니다."

밑줄을 그으면
책 읽는 태도가
달라져요

──────── 밑줄을 그으며 책을 읽어야 한다고 하면 부담을 갖는 분들이 많습니다. 의미심장하거나 주제를 담고 있는 문장을 찾아야 한다고 생각하시는지 이런 하소연을 하는 분들이 있어요.

"밑줄을 그을 데가 한 군데도 없어요."

"어디에 밑줄을 그어야 할지 모르겠어요."

밑줄 긋기는 그야말로 책과 나의 대화입니다. 책을 읽다가 유난히 마음에 남는 구절이 있거나, 기억하고 싶은 멋진 문장을 만났을 때 밑줄을 그으면 됩니다. 길을 가다가 멋진 풍경을 만나면 사진을 찍어두고 싶은 마음이 드는 것과 똑같지요. 저는 다음과 같은 경우에 밑줄을 긋습니다.

- 멋진 생각이 담긴 문장이 나왔을 때

- 아름다운 문장이라 꼭 기억해두고 싶을 때

- 감동을 주는 문장을 만났을 때

- 특별한 경험과 상상을 불러일으키는 문장

- 언젠가 인용하고 싶은 명언이나 잠언

- 전에 알고 있던 것과 다른 새로운 사실을 알게 되었을 때

- 내 생각을 바꾸어주는 문장을 만났을 때

- 너무 재미있어서 다른 사람에게 알려주고 싶을 때

- 내가 닮고 싶은 사람의 모습을 만났을 때

- 저자의 중심 생각이 담긴 문장이라 여겨질 때

- 잘 이해되지 않는 내용이 담겼을 때

이렇게 밑줄을 그으며 읽으면 책을 대하는 태도가 달라집니다. 한 발짝 다가가서 들여다보게 되지요. 밑줄 긋기 독서를 경험한 이들의 이야기를 들어볼까요.

"그냥 읽으라고 하면 몇 쪽까지 읽어야지 하는 책임감에 막 읽어나가는데, 밑줄독서는 나만의 문장을 찾아야 한다는 생각을 하니까 더 집중하게 돼요."

"때로는 불과 일주일 전에 읽은 책인데도 '왜 여기에 밑줄을 그었지?' 할 때가 있어요. 그런 걸 보면 독서란 게 자

기가 처한 상황, 그 당시의 고민 등에 영향을 많이 받는 거 같아요."

"책을 쓴 사람은 저자이지만 밑줄을 그으면 그 책에서 저만의 문장을 갖게 되는 거잖아요. 그 자체가 좋아요."

"책을 꼭꼭 씹어가며 다섯 번 읽은 느낌이에요."

책을 읽을 때 중요한 자세는 나 자신이 중심에 서서 읽는 가입니다. 내가 중심에 없는 독서는 그냥 눈으로 글자를 구경하는 거나 다를 바 없어요. 내가 중심에 있다는 것은 어떤 의미일까요? 나만의 질문을 갖는 것이라고 생각합니다. 질문을 갖고 읽어야 답을 찾을 수 있고, 깨닫게 됩니다. 깨달음이 있어야 진짜 독서라고 할 수 있겠지요. 그걸 밑줄독서라는 방법이 가능하게 만들어줍니다.

저는 밑줄독서모임을 할 때마다 책에 밑줄을 긋는데요. 책 한 권에서 가장 많은 밑줄을 그은 책이 《헨쇼 선생님께》입니다. 밑줄독서모임 목록에 늘 오르는 책이기도 하고 함께 읽을 때마다 새로운 곳에 밑줄을 긋게 되니 페이지마다 밑줄을 그은 듯합니다. 초등학교 고학년 정도가 읽는 동화책인데 엄마와 단둘이 사는 소년 리 보츠가 주인공입니다. 동화작가 헨쇼 선생님을 좋아하는 리 보츠는 학교 숙제로 선생님에게 편지를 쓰고, 답장을 받아 글을 쓰게 됩니다. 그러다 문득 편지를 쓰듯 일기를 써요. 그러면서 엄마 아빠의 이혼으로 인한 상실감, 낯선 학교에서 겪는 괴로움 등 자기 나름의 고통을 극복해 나갑니다.

이 책으로 독서모임을 열 번도 넘게 했는데 할 때마다 다른 곳에 밑줄을 그어 오는 친구들을 만날 수 있었어요. 그래서 제가 가지고 있는 책에는 밑줄 그은 곳이 100군데가 넘는 것 같습니다. 밑줄 하나하나마다 책을 함께 읽었던 이들의 사연이 스며들어 있지요. 한 예로, 자신이 어떤 글을 써야 할지 깊은 고민에 빠졌다는 한 방송작가는 리 보츠가 헨쇼 선생님께 보내는 편지 첫머리에 밑줄을 그어 왔어요.

"헨쇼 선생님께. 뭔가 이야기를 생각해낼 때마다 어딘지 모르게 다른 사람이 쓴 글이랑 비슷해져요. 실은 주로 선생님 글처럼 되지만요. 저도 선생님이 지난번에 충고해주신 대로 '저답게' 글을 쓰고 싶은 마음이 굴뚝같아요. 다른 사람 글을 흉내 내지 않고 말이에요."

모두가 즐겁게 참여하는
모임 운영 비결

──────── 독서모임 진행에 정해진 순서는 없습니다. 그래도 늘 염두에 두어야 할 것은 회원들 간의 유대감 형성입니다. 어쩌면 책 리스트보다 더 중요할지도 모르겠습니다.

첫 모임이라면 자기소개를 하는 것부터 시작하겠지요. 이럴 때 보통 "나는 두 아이의 엄마"라는 식으로 자신을 소개하는 분들을 봅니다. 자신을 몇 마디로 설명하는 일은 어려운 일이지요. 자기소개를 어려워하는 분들을 도와주는 방법이 있습니다. 미리 자기소개 질문지를 준비하는 겁니다.

- 내가 좋아하는 나무는?
- 내가 좋아하는 동물은?
- 내가 좋아하는 낱말 세 개만 소개한다면?
- 내가 배우고 싶은 외국어는?

- 비행기 표를 사 준다면 어느 나라로 가고 싶은가
- 책을 읽어서 매우 유익했던 경험이 있는지?
- 지금 옆에 있는 누군가에게 권하고 싶은 책이 있다면?
- 지치고 힘들 때 찾아가는 자기만의 특별한 장소가 있는지?
- 스트레스를 해소하는 나만의 방법은?
- 나를 칭찬하고 싶을 때 어떤 상을 주는지?
- 하루 중 가장 행복하게 느끼는 순간은?
- 자부심을 가질 만한 기술이 있다면?
- 잘하고 싶은 일이 있는지?
- 내가 생각하는 한국의 중산층은 어떤 사람?
- 요즘 내게 가장 소중한 물건은?
- 한 번 더 보고 싶은 영화가 있는지?

이런 질문 가운데 몇 가지를 골라 물어보면, 부담 없이 자신을 소개할 수 있습니다. 대답은 그 사람의 개성을 대변해주고요.

자기소개에 대한 얘기가 나왔으니 하나 더 덧붙일게요. 새롭게 회원이 들어왔을 때 보통은 기존 회원들에게 신입회원이 자신을 소개하는 식인데요. 이 순서를 바꾸면 좋습니다. 기존 회원들이 한 사람씩 새로운 회원에게 인사를 건네고 자신에 대해 소개하는 식으로 말입니다. 이렇게 하면 신입회원은 자신이 환영받고, 환대받는 느낌이 든다고 합니다.

모임의 시작은 기쁨 나누기로

저는 밑줄독서모임을 무조건 '기쁨 나누기'로 시작합니다. 기쁨 나누기란 분위기를 푸는 일종의 '아이스브레이킹'으로 방법은 간단합니다. "지난 밑줄독서모임 이후 있었던 일 중 기뻤던 일을 한두 가지 나눠주세요"라고 하면 순서대로 1~2분씩 기뻤던 일을 이야기합니다. 처음에는 "별로 기쁜 일이 없었는데요", "늘 똑같은 일상이라…"라고 하던 회원들이 시간이 갈수록 변하는데요.

"제주도 여행 가기 전에 제주도에 관련된 책을 사서 읽고 갔더니 여행이 너무 좋았어요. 독서모임 하고 나서 달라진 제 모습이 기뻤어요."

"다리가 아파서 약속을 취소하고 병원에 가서 주사를 맞았어요. 집에 돌아와서《자산어보》를 읽었는데 너무 좋은 거예요. 동생이 보내준 책이어서 동생에게 정말 고마웠어요."

"남편이 치과에 다녀와서 너무 좋았다고 치과 소개해준

친구한테 고맙다고 전해달라고 하더군요. 밑줄독서모임 회원이 소개해준 치과였어요."

"산을 좋아하는 남편이 이즈음이면 꼭 가는 산이 있어요. 꼭 요맘때 가야만 볼 수 있는 꽃을 볼 수 있다기에 주말에 따라갔어요. 놀랍고 소중한 추억을 하나 더 만들었네요."

기쁨 나누기를 하다 보면 '저런 일로 기뻐할 수도 있구나', '작은 것에서 기쁨을 찾아내는 마음들이 있구나' 하며 감탄할 때가 많아요. 이런 시간을 통해 마음이 열리면 책에 대해서도 훨씬 편안하게 대화를 나눌 수 있습니다.

기쁨 나누기를 가진 후에는 그림책 읽기로 이어집니다. 저는 광진도서관에서 처음 밑줄독서모임을 할 때부터 그림책 한 권을 읽어주기 시작했는데요. 어른들이 무슨 그림책을 읽나 하면서 낯설어 했던 회원들이 나중엔 너무 좋아하시더군요. 그래서 모임이 있을 때마다 읽어주게 되었어요.

그림책 읽기가 익숙하지 않다고 고민하지 마시고 한번 시도해보시기 바랍니다. 한 분이 고정적으로 그림책을 읽어주기 어렵다면 회원들이 돌아가면서 그림책을 읽어줄 수도 있습니다. 처음엔 어색할 수 있지만 일단 한 번 해보시라고 권해 드립니다.

명상 시간과도 같은 낭독의 묘미

그다음 밑줄 낭독으로 자연스럽게 넘어갑니다. 2시간 모임이면 30분 정도 기쁨 나누기와 그림책 읽기를 하고, 1시간 20분 정도는 책 이야기를 나누면 좋습니다.

낭독과 말하는 순서는 어떻게 정하는 게 좋을까요? 어떤 순서로 해도 크게 상관은 없는데요. 되도록 책을 많이 읽지 못한 분이 먼저 낭독하면 좋습니다. 그 회원의 밑줄은 아무래도 책 앞부분에 한정될 테니까요. 만일 책을 전혀 읽지 못한 분이 계신다면 가장 마지막에 말씀하도록 순서를 정합니다. 다른 사람들의 밑줄 낭독을 다 듣고 나서 "다 듣고 나니, 책이 어떤 것 같나요?"라고 물어보면 되겠지요.

밑줄독서모임이 가장 독서모임다운 순간은 밑줄 낭독과 밑줄에 대한 저마다의 이야기를 들을 때입니다. 자기 차례가 되면 밑줄 그은 부분을 찾아 "저는 123쪽, 위에서 일곱째 줄부터 밑줄을 그었어요" 하면서 문장을 소리 내어 읽습니다. 내가 읽는 동안에 다른 사람들도 그 부분에 밑줄을 긋고요. 독서모임이 끝나면 책 한 권에 밑줄 그은 부분이 몇십 군데나 되기도 해요. 밑줄 낭독이 어떤 의미를 갖는지를 직접 들어볼까요.

"저희는 촛불을 켜고 낭독 시간을 갖는데요. 밑줄 그은 문장을 공유하면 명상하는 시간 같기도 해요. 무언가 다정하다는 느낌이 들어요."

"소리 내어 읽는다는 게 매력이 있어요. 책의 내용이 더 명확하게 다가옵니다."

"처음 모임에 참여해서 읽은 책이 매우 어려웠어요. 동학 관련 책이었거든요. 그래도 불안하지 않았던 이유가 내 생각을 말하는 것은 어렵지만 밑줄 그은 문장만 읽어도 되니까 마음이 편했어요."

이야기를 나누면 책이 달리 보여요

밑줄 그은 문장을 낭독한 뒤에는 왜 그 문장에 밑줄을 그었는지 이유를 말해봅니다. 전체 진행 시간을 고려하면 보통 한 사람당 밑줄 낭독과 자기 생각을 밝히는 데 10~15분 정도가 주어집니다. 밑줄 그은 이유는 다양하지요. 멋진 표현이라 그랬을 수도 있고 비슷한 경험이나 기억이 생각났을 수도 있겠지요. 특별한 이야기를 하지 않아도 좋고 잘하지 못해도 괜찮습니다. "그냥요. 재밌어서요"라고 말하는 분도 있어요. 그래도 아무 문제 없어요. 언젠가 한 회원이 "책을 읽을 때 이 부분에 밑줄을 그었는데 지금 생각해보니 왜 그었는지 모르겠어요"라고 해서 다들 웃기도 했습니다. 잠시 뒤 그 회원이 "지금 곰곰이 생각해보니 나도 이런 사람이 되고 싶었던 것 같아요"라고 말해서 우리는 또 다 함께 웃으며 고개를 끄덕였습니다.

밑줄을 그은 부분이 겹치는 경우도 있겠지요. 그러나 참신기한 것이 대개는 저마다 다른 곳에 밑줄을 그어 온다는 사실입니다. 다른 곳에 밑줄을 그었다는 것은 나와 다른 생각으로 그 책을 읽었다는 뜻이기도 하지요. 이처럼 다른 생각을 만날 수 있어서 밑줄독서모임은 흥겹습니다.

처음에는 왜 이런 책을 추천했는지 모르겠다며 심드렁한 표정이더니 모임이 끝날 때가 되면 반전이 펼쳐집니다. 《헨쇼 선생님께》라는 책을 읽고 독서모임 할 때 가장 많이 들은 말입니다.

"이 책이 이런 책이었나요?"

"이 책을 그렇게 볼 수도 있군요."

"집에 가서 다시 읽어봐야겠어요."

또 다른 의미에서 반전이었던 책으로 주중식 선생님이 쓰신 책 《잘 배우는 길》이 있습니다. 책 표지에 '천천히 읽는 책'이란 문구가 있는데, 글자가 크고 그림이 있는 책이라 깊이, 천천히 읽으라고 하기엔 좀 쑥스럽지요. 독서모임 회원들에게 이 책을 권하면 처음에는 반응이 영 별로입니다.

"처음엔 어린아이들이 읽는 책인 것 같은데, 우리가 왜 이 책을…? 이런 마음이 들었어요."

"초등학교 교장선생님 훈화 말씀 모아 놓은 것 같아서 아이구 참… 그랬어요."

그런데 책을 읽고 나서 이야기를 나누어보니 전혀 다른 책이라는 걸 알게 되었다고들 합니다.

"읽으며 놀라고, 밑줄 긋고 낭독하며 자꾸자꾸 놀라게 되는 책이었어요."

"인사하기, 말하기, 일기 쓰기, 잘 듣기, 책 읽기, 글쓰기, 질문하기, 좋은 말 마음속에 품기, 뜻 새기기… 여기에 나와 있는 대로만 정확하게 기억하고 살면 정말 좋은 사람이 될 것 같아요!"

"어쩜 이렇게 글을 쉽고 아름답게 쓰실 수 있을까요?"

"주중식 선생님을 꼭 한번 만나보고 싶어졌어요!"

"우리 아이들과 다시 한번 읽어보고 싶은 책이에요."

"아버지 모임에서도 읽었으면 좋겠어요."

그래서 이 책은 어린이 독서모임, 청소년 독서모임, 아버

《잘 배우는 길》에서 밑줄 그은 문장

지금은 학교를 떠난 샛별초등학교 주중식 교장선생님이 농사를 지으며 한 달에 두 번 샛별초등학교에 나가 3학년과 6학년 아이들을 만나 이야기 나눈 내용과 다달이 나오는 학교 소식지 〈샛별 교육〉, 해마다 나오는 학교 문집 〈샛별 동산〉에 쓰신 이야기를 골라 '어린이에게 드리는 이야기 선물'이라는 부제로 펴낸 책입니다. 아이들의 질문에 저자가 답한 아래 내용에 많은 분이 밑줄을 그었습니다.

ㅇ 내가 살아오면서 가장 힘들었을 때는 믿었던 사람이 돌아섰을 때였어. 내가 어떻게 할 수 없는 일이라서 스승님 말씀대로 가만히 지켜보고만 있었어.(24쪽)

ㅇ 한마디로, 책은 마음 건강 지키려고 읽는다.(59쪽)

ㅇ 좋은 글이란 첫째 읽을 맛이 나야 하고, 둘째, 글 속에 그 사람한테 어울리는 삶을 찾아볼 수 있어야 하며, 셋째, 하고 싶은 이야기를 제대로 표현한 것이어야 합니다. 알맹이가 있는 좋은 글은 우리 마음을 뭉클하게 하고 오래오래 우리 삶을 참되고 바르게 이끌어줍니다. 그래서 이런 글을 두고 가치 있는 글이라 합니다.(75~76쪽)

ㅇ 글은 왜 쓸까요? 좋은 것을 서로 나누려고 씁니다. 우리는 날마다 내가 본 것, 들은 것, 겪은 일 가운데서 서로 나눌 만한 것을 끊임없이 이야기하며 살아갑니다. 그 이야기를 글자로 나타낸 것이 글이요, 소리로 나타낸 것이 음악이며, 모양과 빛깔로 나타내면 그림입니다. 사진이나 영화, 연극 같은 것도 살아가는 이야기를 나누는 일입니다. 학문을 연구하고 가르치고 배우는 일 또한 좋은 것을 나누는 일입니다. 서로 좋은 것을 나누는 일에서 가장 중요한 것은 정성을 쏟아서 정직하

게 나타내는 태도입니다.(117쪽)

ㅇ 사람답게 살아갈 수 있으려면 무엇을 골고루 잘해야 할까요? 사람마다 조금 다르게 답할 수 있겠는데 저는 일, 놀이, 공부를 골고루 잘하는 것으로 생각합니다. 그런데 이 세 가지를 하면서 조금 달리 해보라고 부탁합니다. 일, 놀이, 공부를 하되 살아가면서 늘 하는 것에서 새로움을 찾고, 실험하고, 연습해보라는 것입니다. 그리고 그것을 그날 그날 한번 써보세요. 그러면 참 뜻있는 방학이 될 것입니다.(180쪽)

지 독서모임, 엄마 독서모임, 모든 모임에서 읽은 유일한 책이 되었습니다.

책은 거울이다

흔히 행간을 읽는다고 하지요. 밑줄독서를 하다 보면 행간을 넘어서 책 속에 숨어 있는 보석을 발견하는 기쁨을 맛볼 수 있습니다. 밑줄 낭독하기를 하고 서로 이야기를 나누다 보면 글쓴이의 생각을 받아들이고 자신을 열어 보이는 모습이 아주 자연스럽게 나타납니다. 책 이야기를 하다 보면 책에 관해 이야기하는 것이 아니라 다들 자신의 이야기를 하고 있다는 것을 발견하게 되지요. 책을 읽는다는 것은 책 속에 담긴 글쓴이의 정신과 영혼을 만나는 일인데 우리는 그 만남을 통해 오히려 자기 자신을 더 잘 볼 수 있게 되는 것 같습니다. 그래서 저는 책을 거울이라고 생각합니다.

　독서모임을 진행하다 보면 특정한 몇몇 사람에게만 발언이 집중되는 경우가 많습니다. 어떤 분들은 표현이 서투르다며 자기 생각을 말하기를 부담스러워하거나 별로 할 말이 없다며 짧게 낭독만 하고 맙니다. 할 말이 있어도 수줍음을 타거나 모임이 낯설면 말을 꺼내기가 어색하잖아요. 그럴 때는 진행하는 분이 가볍게 질문을 던져서 부담을 덜어주면서 조금이라도 말을 더 할 수 있게 이끌어줍니다. 그러면 또 다른 반전을 만날 수 있습니다. '저분이 저렇게 말을 잘했어?'라며 놀라기도 하고요. 엄숙한 모습에서 발랄함을, 명랑했던 표정 뒤에 숨어 있는 아픔을 발견하기도 합니다. 그러기 위해서는 잘 들어주는 분위기를 만드는 게 중요합니다.

　더 많은 이야기를 하고 싶고 듣고 싶은데, 시간이 제한되어 있어 발언을 마쳐야 하는 경우도 생기는데요. 이런 경우를 대비해 마련하는 자리가 뒤풀이입니다. 자리를 옮겨 분위기를 전환해서 속 깊은 이야기를 나눌 수 있는 시간이지요.

필사,
작가의 몸이 되어보는
시간

────────── 밑줄 낭독과 밑줄에 관한 이야기를 나누는 시간은 1명당 10분 정도로 8명이면 총 1시간 20분 정도가 걸립니다. 마지막 10분은 필사를 위해 남겨놓아야 합니다. 모임 날짜, 책, 참석자 이름, 밑줄 그은 문장을 정리해 기록하고, 온라인 카페를 만들었다면 카페에 올려 공유합니다. 이 모든 과정이 끝나면 다음 모임 장소와 날짜, 함께 읽을 책을 공지해야겠지요.

밑줄 그은 부분을 옮겨 쓰는 일은 번거롭고 시간이 오래 걸립니다. 책 읽는 중간에 옮겨 쓰게 되면 흐름이 깨지기도 하지요. 가능하면 읽을 때는 흐름이 끊어지지 않게 밑줄만 그어두는 편이 좋습니다. 다 읽고 난 다음, 다시 책을 훑으며 밑줄 그은 부분만 읽어보고 그중에서 가장 강하게 와닿는 부분을 모임에서 발표하고, 발표가 끝난 뒤에는 손글씨로 그 내용을 공책에 옮깁니다.

글씨를 잘 못 써서 고민인 분도 있을 텐데요. 그래도 한 번 시작해보시기를 권합니다. 이왕이면 오래 두고 쓰기에 싫증 나지 않을 노트와 필기감 좋은 펜을 준비하시고 천천히 따라 써보세요. 옮겨 쓰기를 해보면 그냥 읽어 나갈 때는 미처 하지 못했던 생각이 하나하나 떠오릅니다. 천천히 따라 쓰다 보면 내용이 분명해지면서 책의 내용을 제대로 알게 되는 것 같아 뿌듯한 기분도 들어요. 글씨도 단정해지고 마음도 차분해집니다.

독서 노트를 기록할 때는 앞 페이지에 읽은 책의 목록을 따로 정리해두는 것이 좋습니다. 목록을 정리해두면 자신의 독서 성향을 한눈에 파악할 수 있어서 부족한 부분을 보완할 때 도움이 됩니다. 이를 토대로 독서 목표와 구체적인 실행 계획을 세울 수도 있어요.

노벨문학상 수상자인 소설가 오에 겐자부로는 필사 애호가였습니다. 초등학교 4학년 때부터 70년 정도 필사한 공책이 피아노 담는 상자에 가득 찼다고 해요. 그는 자신의 유소년기 삶을 추억하며 써 내려간 에세이 《나의 나무 아래서》에서 이런 사연을 고백합니다.

어린 내가, 자기 마음에 든 책에서, 고전도 포함해서, 한 구절을 옮겨 적는 습관을 들인 것은 무엇 때문이었을까요? 우선 책을 사서 내 것으로 하기 꽤 어려웠다는 점을 꼽겠습니다. 이웃 마을에 책방이 있었지만, 새로운 책이 들어오지 않았습니다. 돈도 없었습니다. 그렇지만 역시 그것은 내가 종이에 글을 옮겨 적는 일을 좋아하는 소년이었기 때문입니다. 몇 번씩 옮기면서 정확하게 익히려는 마음도 생겼습니다. 부정확하게 익히는 것은 익히지 않는 것보다 훨씬 나쁘다고 아버지가 내게 말씀했습니다.

책을 읽었다는 것은 이해하고 머릿속에 남겼다는 뜻이지요. 그러나 한 번 읽고 책의 내용을 모두 알 수 없으니 거듭 읽으며 생각을 숙성시켜야 합니다. 그때 이 공책이 유용하지요. 밑줄 그은 문장을 기록하면서 책을 읽게 되면 책 한 권을 적어도 5번 읽은 효과가 난다고 하는데요. 이를 평생의 공부법으로 삼은 분이 있어요. 다산 정약용 선생입니다. 다산 선생을 유배지에서 만나 제자가 되었던 황상은 "책을 읽을 때 중요한 내용을 베끼어 쓰는 것을 그만두어서는 안 된다"는 스승의 말씀을 새겼고, 평생 실천했다고 합니다. 읽은 책에서 주요 내용을 베껴 쓴 공책이 황상의 키를 넘는 양이 되었는데 지금도 남아 전한다고 하네요.

밑줄 공책은 혼자만 꺼내 보아도 좋지만 친한 사람들끼리 교환해서 보아도 의미 있습니다. 좋은 문장으로 만들어진 각자의 '보물상자'를 가지고 모여 밑줄 낭독회를 열어보아도 뜻깊은 자리가 되겠지요.

저는 밑줄 공책을 읽다가 읽었던 책을 다시 꺼내 읽는 경우가 많았습니다. 요즘에는 책 한 권을 옆에 두고 하루 한 편씩 베껴 쓰고 있습니다. 그중 한 편을 소개합니다.

시인 안도현에겐

"손가락 끝으로 고추장을 찍어 먹어보는 맛"이라고 합니다.

필사(筆寫)

베껴 쓰는 걸 말하죠.

작가 지망생들에게 필사는 문학 수업 방법의 하나입니다.

종교인들에게 사경(寫經)

그러니까 경전을 베껴 적는 일은 간절한 기도입니다.

우리 같은 평범한 독자들에게 필사는 무엇일 수 있을까요?

손으로 직접 한 글자 한 글자 베껴 적으면

눈으로 읽을 땐 스쳐 지나갔던 것들,

쉼표 하나, 조사 하나까지 새롭게 보입니다.

그 글을 쓸 때의 작가의 마음까지 헤아릴 수 있게 되죠.

그러니 작가의 몸이 되어보는 일이기도 합니다.

그런 점에서 필사는

가장 적극적인 형태의 독서라고도 할 수 있을 것 같은데요.

몸으로 익힌 건 쉽게 지워지지가 않죠.

필사는 손으로 글자를 만져보는 일입니다.

몸으로 책을 읽는 일입니다.

내 손을 거쳐 내 속으로 들어와서

글자들은 내 피 속을 떠다니다

나를 이루는 성분이 됩니다.

고요한 한밤중에 깨끗한 노트를 펴고

좋아하는 문장을 베껴 써보고 싶은,

그런 계절입니다.

허은실,《나는 당신에게만 열리는 책》중에서

4

밑줄독서모임 응용하기

교실에서 하는
밑줄독서모임

아이를 평생 독자로 키우려면

2013년에 전라북도 남원의 도통초등학교에서 '책 읽는 학교 프로젝트'를 진행할 기회가 생겼습니다. 혁신학교는 저마다 다양한 특징을 가지고 사업을 진행하는데, 도통초등학교의 경우 대표적인 중점 사업이 '책 읽는 학교'였어요. 저는 평소 '모든 선생님은 책 읽는 선생님이어야 한다'라는 생각을 해왔고, 이를 가능하게 만드는 모델학교가 딱 하나라도 있었으면 좋겠다는 바람을 갖고 있었습니다. 꿈은 이루어지는 법! 도통초등학교 선생님들과 교장선생님, 학부모님들이 힘을 모으고, 당시 김승환 교육감께서 믿고 지지해주셔서 6년 프로젝트를 무사히 마칠 수 있었습니다.

그 프로그램의 핵심은 단 두 가지! 모든 선생님이 '수업 시간에 선생님이 읽은 책 이야기를 들려주는 것'과 '날마다 그림책을 읽어주는 것'이었습니다. 그러려면 선생님들이 날마다 책을 읽어야 했고 읽어줄 그림책을 골라야 했지요. 이를 위해서는 매주 선생님들의 독서모임이 필수였습니다.

하여 매주 화요일 오후 3시부터 도통초등학교에서는 모든 선생님이 독서모임에 참여하게 되었습니다. 저는 화요일마다 남원으로 갔고요.

교사라고 해서 모두 책 읽기를 즐기지는 않습니다. 세상 사람들이 모두 책 읽기를 좋아하지는 않듯이 말입니다. 하지만 우리 아이들을 책 읽는 아이들로 만들려 한다면 교실에 책 읽는 선생님이 꼭 계셔야 합니다. 책을 좋아하고 즐겨 읽고, 독서의 즐거움을 아이들에게 전해 주고 싶어 하는 선생님 말입니다.

모든 습관이 그렇듯이 독서습관 역시 영유아 시절에 만드는 게 중요합니다. 마을도서관이나 공공도서관이 그런 환경을 만들고 독서 경험을 제공하도록 해야겠지요. 책 읽는 부모님도 계셔야겠고, 책 읽는 선생님도 계셔야 책 읽는 아이들이 자라고, 책 읽는 사회가 될 수 있습니다.

특히 독서교육을 받기 시작하는 초등학생에게 학교 독서교육은 절대적입니다. 집에 가면 저마다 독서환경이 다르거든요. 모든 아이에게 동등한 독서환경을 제공해줄 수 있는 곳은 학교밖에 없습니다. 담임교사가 독서 지도를 어떻게 하느냐에 따라 아이들이 평생 독자가 될 확률은 5퍼센트에서 50퍼센트까지 높아질 수 있습니다.

그런데 반짝 1~2년 책을 읽거나 독서교육을 받아서는 어렵겠지요. 독서교육은 단거리 달리기가 아닌 마라톤입니다. 아이들이 평생 독자가 되게 하려면, 그러니까 독서 능력을 갖춘 뇌를 만들려면 좋은 독서환경에서 꾸준히 읽고 쓰는 노력을 15년 정도 해야 합니다. 아이들이 초등학교에 입학해서 졸업하는 6년 내내, 더 나아가 중학생이 되어도 단절 없이 매년 책 읽는 선생님을 만나야만 하는 거죠. 모든 선생님이 책 읽는 선생님이어야 한다고 강조하는 이유가 바로 여기에 있습니다.

도통초등학교 교사 밑줄독서모임은 "학교의 모든 선생님이 책 읽는 선생님"이 되도록 하자는 목표를 가지고 시작했습니다. 90퍼센트가 넘는 교사들의 동의를 받고 시작된 프로젝트였지만 초반에는 열렬한 환영을 받지는 못했던 것 같아요. 어쨌든 참여에 강제적인 측면이 있었으니까요. 적극적으로 참여하는 선생님들도 계셨지만 그렇지 않은 분도 많았습니다.

저는 한 번에 예닐곱 명의 교사들과 일주일에 한 권씩, 책을 읽고 만났습니다. 매주 다른 그룹과 번갈아 가며 독서모임을 진행했지요. 우리는 6년간 200권이 넘는 책을 함께 읽었습니다. 함께 읽은 책이 쌓이면서 교사들 내면과 일상에 하나둘 변화가 생겨났어요.

"내일이 교사 밑줄독서모임이구나 생각하면 가슴이 설렜어요. 욕조에 물 받아놓고 책을 읽으면 피로가 싹 가시는 것 같았고요. 나이 들어서 이런 호사를 누리게 될 줄 몰랐죠."

"밑줄독서 하면서 제가 독서 편식이 있다는 사실을 알게 됐어요. 이전보다 다양하게 읽게 됐습니다. 또 예전에는 주로 빌려서 읽었는데, 밑줄독서 이후에는 다방면으로 책을 사서 읽을 때가 많아졌어요."

"같은 학년 선생님들과 함께하는 자리가 늘어났어요. 같은 학년이라 해도 서로 친해지기가 쉽지 않은데 독서모임을 통해 개인의 이야기를 나누다 보니 가까워졌고, 여러 학습법을 공유하게 되었어요."

6년간 교사 밑줄독서모임이 계속되는 사이 근무연한이 다해 이웃 학교로 전근했던 선생님은 그 학교 동료 교사들을 모아 밑줄독서모임을 새로 시작했습니다. 어떤 선생님은 도통초교에서 했던 밑줄독서모임이 하고 싶어 다시 도통초로 전근을 오셨어요.

일 년 이 년 시간이 흐르면서 저를 반겨주시는 선생님들이 늘었다는 걸 느낄 수 있었는데요. 선생님들은 자신이 책을 좋아하게 되니 아이들에게 책 이야기를 할 때 태도가 달라지더라며 교실에서 생긴 변화를 전해주셨어요.

"제가 책 이야기 할 때 태도가 달라진 걸 아이들도 느끼는 거 같아요. 제가 책을 가까이하니까, 아이들도 책을 좋아하더라고요. 1년에 보통 20명의 아이를 만나는데요. 그 아이들을 전부 평생 독자로 만들기는 어렵겠지만 그래도 어릴 때 즐겁게 책 읽던 기억은 갖고 있겠지, 생각하면 뿌듯합니다. 교사로서 보람이 커졌어요."(김산)

"밑줄독서를 교실에서 활용해보면 아이들이 이전과 다른 반응을 보입니다. 조금 더 진지해지고 재미있어해요. 밑줄독서는 기존 독후 활동의 한계를 넘을 수 있습니다. 저는 밑줄독서모임을 하면서 교육에 있어서 독서교육은 꼭 필요하다는 생각이 확고해졌습니다. 이것을 알게 된 것만으로도 제게는 행운입니다."(조성현)

학급문고에 관심을 갖게 하는 방법

밑줄독서모임에 참여했던 선생님들은 독서 지도에 대한 질문을 많이 하셨어요. 독서 지도의 궁극적인 목표는 책 읽기를 평생 즐길 수 있도록 독서 습관을 들이는 것이지요. 선생님들께 저는 가장 먼저 아이들에게 책을 읽어주기를 부탁했습니다. 보통 어른들은 아이가 글을 읽기 시작하면 읽어주기보다 혼자 읽으라고 하는데요. 아이들이 이때부터 책을 싫어하게 된답니다. 읽으라고 하면 독서가 숙제가 되니까요. 아이들에게 "책 읽어라!" 하는 대신 "책 읽어줄까?"라고 하면 아이들 표정이 달라집니다.

그럼 어떤 책을 읽어주면 좋을까요? 초등학교 아이들의 독서 수준은 천차만별이지요. 어떤 책은 누군가에게 시시하고, 어떤 책은 누군가에게 어렵습니다. 이런 경우 그림책을 고르면 좋습니다. 그림책은 독서 수준과 상관없이 예쁜 그림만으로도 책 읽는 즐거움을 줄 수 있으므로 학년을 불문하고 책을 좋아하게 만들어주죠.

도통초등학교 선생님들은 매일 아침 15분 정도 아이들에게 그림책을 읽어주었습니다. 코로나로 비대면 수업이 이어질 때도 그림책 읽어주는 영상을 만들어서 원격수업을 했다는데요. 비대면 수업을 할 때면 아이들을 집중시키기 어려운데 그림책을 읽어주면 아이들이 집중을 잘해서 선생님들도 놀랐다고 합니다.

책을 읽어주기에 앞서 독서환경을 갖추는 일도 필요합니다. 책이 많은 공간과 책 읽는 분위기 속에서 생활하다 보면 저절로 책을 가까이하게 됩니다. 할 수만 있다면 선생님이 먼저 읽고 아이들에게 권하고 싶은 책을 책장에 꽂아두는 것이 좋은데요. 선생님만의 학급문고를 마련하는 것이지요.

학급문고는 학교 독서교육에 꼭 필요한 요소입니다. 그 중요성은 아무리 강조해도 부족하지요. 교실에 책을 잘 읽는 아이들만 있다면 학교 도서관만 있어도 됩니다. 하지만 90퍼센트가 넘는 아이들이 책 읽기에 흥미를 못 느끼지요. 그러니 교실에 마련된 학급문고의 영향이 거의 절대적입니다.

저는 학급문고를 마련할 수 있는 '씨앗기금'을 담임선생님들께 드리자는 제안을 했습니다. 한 달에 2만 원. 묻지도 따지지도 않고 책을 살 수 있는 자금을 드리는 거죠. 그 제안에 처음에는 "에게! 책 두 권도 못 사는 돈이네?" 하시던 선생님들이 조금씩 책을 사 모아 학급문고를 만들기 시작했습니다.

학급문고는 5~6년 정도를 내다보고 꾸리기 시작하면 됩니다. 1학년 담임을 할 때는 1학년 수준의 책을 모으고, 4학년 담임을 맡았을 때는 4학년 수준의 책을 모아 독서 수준이다 다른 학급 아이들을 개별지도 할 수 있도록 하면 알찬 학급문고를 만들 수 있습니다. 처음엔 한 달에 책 한두 권을 사던 선생님들이 어느새 대여섯 권, 많게는 열 권 넘는 책을 사게 되었다며 즐거운 불평을 나누어 주었습니다.

"아침 책 읽기 시간마다 그림책 한 권씩을 아이들에게 읽어주었어요. 각자 5분, 10분씩 책을 읽기도 했고요. 그 시간에 저는 일주일에 한 권씩 읽어야 하는 밑줄독서모임 책을 읽었네요. 처음에는 큰일이다 싶었는데, 나중에는 일상이 되더라고요. 한 권 한 권이 쌓여서 교실에는 어느새 700~800권 정도의 학급문고가 생겼는데 전근할 때 보니 1톤 트럭으로 두 번을 옮길 정도가 되었습니다."(김산)

학급문고 씨앗기금을 전국의 모든 학교, 모든 교실에 보낼 수 있으면 얼마나 좋을까요? 저는 오늘도 이런 꿈을 꾸면서 간절한 바람으로 목소리를 내봅니다.

"달마다, 모든 교실에, 아이들을 위한 책 구입비를 지급하는 나라!"

그렇게 되면 작가들은 오직 좋은 책을 쓰기 위해 애쓰면되고, 출판사는 좋은 책을 만들기만 하면 어느 정도 판매가

보장되니 얼마나 신나는 세상이 될까요. 생각만 해도 입이 귀에 걸립니다.

예전에 교사로 재직할 때 아이들이 학급문고에 있는 책을 재미있게 읽는 모습에 신이 나서 책을 골라 모으다 보니 우리 교실 학급문고에는 1천 권 넘는 책이 꽂혔습니다. 새 학기가 시작되면 제가 매년 했던 이벤트가 있었어요. 학급문고 이용 금지령을 내리는 거였습니다. 아이들에게 아직 정리가 덜 되었다면서 "학급문고에 절대 손을 대서는 안 된다"라고 이야기했지요. 처음엔 아이들도 '음, 조금 기다리면 되겠지' 하고 기다립니다. 하지만 일주일이 지나고 2주일이 지나도 선생님의 허락이 떨어지지 않으면 아이들은 궁금해하며 물어봅니다. "학급문고 언제 읽어요?"

그럴 때 아이들에게 "조금만 더 기다려볼래?"라고 말합니다. 학급문고 책에 손도 대지 못한 채 또 일주일, 2주일이 지나면 아이들의 궁금증은 더욱 커집니다. 그때쯤 학급문고에서 빼낸 책을 한 권 보여주면 아이들 입에서는 "읽어주세요!"라는 말이 저절로 나오지요. 그렇게 '책 읽는 교실'은 탄생합니다.

국어부터 사회, 과학,
생활지도까지 효과적인 밑줄독서

밑줄독서모임을 경험한 선생님들은 교실에서 다방면으로 밑줄독서를 응용하기 시작했습니다. 가장 쉬운 방법은 국어 시간을 활용하는 것인데요.

"고학년 아이들 맡았을 때, 아이들과 밑줄독서모임을 국어 시간에 함께 해봤습니다. 한 시간 동안 몇 쪽부터 몇 쪽까지 읽고, 밑줄 긋기를 합니다. 다음 시간에 조별로 모여 각자 그은 밑줄을 공개하고 이야기를 나눕니다. 밑줄이 겹치는 게 있는데 그 이유가 같기도 하고 다르기도 해서 아이들이 재미나 해요. 같이 감동하고, 같이 웃고 그런 경험이 생기는 거죠."(김달님)

한 학교의 같은 학년이 같은 책으로 밑줄독서를 할 수도 있어요. 도통초등학교에서는 국어 시간을 이용해서 일주일에 하루 밑줄독서를 했는데요. 우선 학급 수만큼 책을 선정합니다. 6개 학급이면 6권이겠지요. 학급 인원에 맞춰 책을 구매합니다. 25명이 학급 인원이라면 6권의 책을 25권씩 구매하는 겁니다. 한 학급에서 1개월간 한 권으로 밑줄독서 시간을 갖고, 다른 반과 책을 바꿉니다.

수업 진행 방식은 앞서 김달님 선생님이 하신 방법과 같아요. 한 시간 동안 분량을 정해주고 아이들에게 읽으면서 밑줄을 긋게 하고, 다음 시간에는 조별로 나눠서 서로 밑줄 그은 부분과 밑줄 그은 이유를 나눕니다. 7~8명씩 조별로 진행을 해도 좋고, 앞뒤 친구와 둘이서, 혹은 옆의 짝과 둘이서 등 다양한 친구들과 만나서 이야기하고 또 흩어졌다 만나서 이야기하는 식으로 진행해도 좋습니다.

사회나 과학 시간에 교과서로 밑줄독서를 진행할 수도 있습니다. 새롭게 알게 된 부분, 가장 기억하고 싶은 내용에 밑줄을 치고 발표를 하는 거예요. 어떤 과목이든 밑줄독서 형식으로 수업을 하면 아이들이 능동적으로 참여하기 때문에 학생 중심의 수업이 가능해집니다. 물론 엉터리로 밑줄을 그어놓는 아이들도 있지요. 하지만 발표를 지어낼 수는 없습니다. 발표하면서 '내가 왜 여기 밑줄을 그었지?'라는 생각이 드는지 민망한 표정을 짓습니다. 이런 아이들도 친구들이 밑줄 그은 내용을 들으면서 다음부터는 자신도 저렇게 해야겠다고 스스로 깨닫게 됩니다.

밑줄독서는 글자가 많은 책에만 해당하는 방법이 아닙니다. 오래전부터 서울·경기 지역에서 밑줄독서모임을 가져온 선생님들은 아이들과 수업을 해본 결과 밑줄독서의 다양한 응용이 가능하다며 경험을 공유했습니다.

"여름 방학 시작할 때면 학교에서 안전 생활 지도하는 한 장짜리 유인물을 주잖아요. 사실 해마다 하는 뻔한 이야기라 대충 지도하고 넘어간 적이 많았어요. 그런데 요즘 안전 생활에 관한 지도 강화 이야기가 많아서 밑줄독서 형식으로 한 번 해봤어요. '여름 방학 때 가장 잘 지켜야 할 부분에 밑줄 긋고 각자 발표해보자'라고요.

그랬더니 그전엔 제가 아무리 강조해도 흘려버리는 내용이었는데 자기가 읽고 친구들 앞에서 발표했기 때문인지 방학 후에도 잊지 않고 있더라고요."(한송이)

"그림책 읽기로 밑줄 수업을 했어요. 《진정한 일곱 살》이라는 그림책을 읽고 '진정한 7살은 어때야 하나요?'를 진정한 12살로 바꿔서 만들어본다든가, 그림책마다 활용할 수 있는 활동을 이어갔지요. 밑줄 긋기는 보물찾기 같아요. 저는 아이들에게 책에서 내가 찾은 보물(밑줄 그은 부분)을 서로 읽어주고 공책에 적어놓으라고 해요. 저와 아이들은 그 공책을 보물상자라고 부르지요."(임준희)

독서 수준이 제각각인 아이들이 모두 재미있다고 느낄 만한 책을 고르기는 쉽지 않은 일인데요. 이럴 때 그림책은 매우 유용합니다. 그림책은 독서 수준이 낮은 아이들의 참여도를 높일 수 있고 독서 수준이 높은 아이들에게는 보석 같은 책으로 새롭게 다가갈 수 있어요. 밑줄독서를 한 뒤에 그림책으로 할 수 있는 독후 활동도 많습니다. 그중 하나를 들어볼까요.

"《넌 어느 별에 살고 있니?》를 다 같이 읽고 자기 생각을 그림으로 그려보라고 했어요. 한 사람이 한 장씩 그림을 그리니 24장이 됐는데, 그걸 묶어서 그림책 한 권을 만들어 학급문고에 놓았지요. 독후감 쓰라고 하면 '아, 싫다'라는 말부터 나올 텐데, 모든 아이가 즐겁게 한 장씩 그림을 그려내더라고요. 자기 그림이 실린 책 한 권을 뚝딱 만들어내니까 아이들이 무척 좋아했습니다."(박현정)

밑줄독서 후 아이들과 함께할 수 있는 독후활동

ㅇ 동시로 만든 동요 찾아 부르기

ㅇ 제목으로 이야기 이어 짓기

ㅇ 느낌을 몸짓으로 나타내보기

ㅇ 그림책을 읽어주고 마음에 남은 낱말 하나 찾아보기

조금만 아이디어를 내보면 아이들이 좋아할 수 있는 독후 활동은 무궁무진합니다. 전래놀이에 관한 책을 읽으면 쉬는 시간에 전래놀이를 할 수 있도록 투우나 실팽이 등을 마련해두기도 하고, 미술 시간에 책 내용으로 팝업북을 만들어도 좋습니다.

공통의 관심사가 있을 때 아이들의 대화는 풍부해집니다. 같은 책을 읽고 나면 "맞아. 그 책에 그런 내용이 나왔어", "나도 거기에 밑줄 쳤어" 하면서 이야기를 나누죠. 그러다 보면 소외되는 아이들 없이 반 아이들 모두가 두루두루 친해지고요.

현장에서 밑줄독서를 수업에 접목해본 선생님들은 1년 사이 아이들의 변화가 놀라웠다고 입을 모아 말씀하세요. 쉬는 시간마다 선생님에게 책을 읽어달라고 조르고, 도서관에 다녀와도 되냐고 허락을 구하는 아이들을 보며 뿌듯했다고 합니다. 아이들이 좋아하는 모습을 보면서 선생님들은 '다음에는 또 뭘 해줄까?' 하는 행복한 고민을 하게 된다는데요. 시간이 흐르면 더 놀라운 일이 생기기도 한답니다. "선생님, 이 책 읽어보셨어요?"라고 묻는 고수가 나타나는 거지요.

가정에서 하는
밑줄독서모임

책 읽으라는 말 대신 엄마가 해야 할 일

"어떻게 하면 우리 아이가 스스로 책을 읽게 될까요?"

많은 부모님이 물어보십니다. 아이를 키우며 책 읽기의 중요성을 고민하지 않은 부모는 없을 겁니다. 책 읽기가 정서 발달이나 학습의 시작이라고 믿기 때문이겠지요. 그러나 많은 부모가 아이들에겐 "책 읽어라"라고 강요하면서 자신은 이런저런 핑계를 대며 읽지 않는다고 고백합니다.

"책을 읽고 싶은데 뭐부터 읽어야 할지 모르겠어요."

"책 읽는 속도가 너무 느려서 진도가 안 나가요."

"한 달에 1권 읽는 게 목표인데 매번 작심삼일로 끝나요."

"최근 몇 년간 끝까지 읽은 책이 한 권도 없네요."

이뿐만이 아니에요. 책을 읽기는 하는데 온통 경제경영서

나 육아서, 자기계발서뿐이라면서 필요해서 읽는 책 말고, 순전히 책 읽는 기쁨을 온전히 누리기 위한 독서를 하고 싶다고 호소하는 분들도 계세요. 이런 말을 들으면 저는 간단히 한마디만 합니다.

"함께 읽으면 뭐든 읽을 수 있습니다."

엄마 아빠가 책 읽는 모습을 보고 자라는 아이들은 책을 좋아할 확률이 높습니다. '자식은 부모의 등을 보고 자란다'라는 말이 있듯이 자녀교육은 부모의 말이 아니라 삶에서 비롯된다고 하지요. 아이는 알게 모르게 어른들 모습을 모방하면서 자란다는 것을 절감하실 거예요.

그래서 만든 것이 '책 읽는 엄마학교'였습니다. 처음에는 엄마들이 다들 "어휴! 한 주에 한 권을 어떻게 다 읽어요?"라고 하셨는데요. 한 주 두 주 만나면서 좋아하는 모습이 보이기 시작했습니다.

"제가 책 읽는 엄마학교에 도전한다는 것은 큰 모험이었습니다. 책을 멀리한 지 십 년이 넘은 상태였으니까요. 지금은 다시 책과 가까워졌어요. 아이들을 학교와 유치원에 보내놓고 TV와 수다로 채웠던 시간을 책으로 채워가고 있습니다. 오롯이 저만의 시간입니다."(안미영)

"아이들한테 책 읽으라고 하지 않으렵니다. 그냥 제가 읽는 모습을 보여주고 감동하는 모습을 몸으로 마음으로 보여주려 합니다."(김진수)

"저자와 표지도 세심하게 들여다보게 되었고 책 내용을 더 충실히 깊게 들여다보며 읽게 되었어요."(강경아)

밑줄독서모임에서 만나는 엄마들은 한결같이 책을 읽고 나서 자신을 챙기게 됐다고 말합니다. 잃어버렸던 웃음을 되찾았다고도 합니다.

"내가 느끼지 못했던 부분에 대해 들으며 공감도 하고 생각도 넓어집니다. 한 권을 읽었는데 여러 권을 읽은 것 같은 느낌이 들어요."(장선숙)

"인생이 풍요로워진다는 게 어떤 의미인지 실감합니다. 조금씩 지혜로운 사람이 되고 있다고 느끼니 독서모임을 할 때마다 만족감이 커요."(박선영)

자신의 변화에 놀라워하는 엄마들의 모습을 옆에서 지켜보는 일이 어찌나 즐거운지요. 어느 정도 진도가 나가면 이제 저는 엄마들에게 집에서 해야 할 몇 가지를 말씀드립니다.

- **가족에게 생색내기**
- **엄마의 서가 만들기**

엄마의 서가는 독서모임에서 읽은 책으로만 한 권 한 권 채워갑니다. 그리고 "절대 손대지 마시오"라고 써 붙이게 합니다. 빨간 당구장 표시까지 크게 그려 넣으면 효과만점이지요. 식탁 위에는 밑줄 그으며 읽고 있는 책과 밑줄을 베껴 쓴 노트도 자연스럽게 놓여 있습니다. 가족들이 오다가다 궁금해서 슬쩍슬쩍 보기도 하지요. 아이에게는 "엄마 책 읽어야 하니까 나가서 놀아"라고 합니다.

아이들의 반응은 어떨까요? 도대체 무슨 책이길래 엄마가 저러나, 슬슬 궁금해집니다. 궁금해 죽겠는데 책에 손도 대지 말라 하니 호기심이 발동합니다. 어느 날 아이가 말합니다. "저도 독서모임 하면 안 돼요?"

학교에서는 순서상 교사 독서모임이 먼저라면 도서관이나 가정에서는 엄마 독서모임이 첫 시작이 되는 경우가 많았습니다. 엄마들이 독서모임을 하다가 다음으로 아버지 독서모임이 만들어지고, 끝으로 아이들 독서모임이 만들어지는 순서로 가는 거죠.

열다섯 살까지 책을 읽어주면 좋은 이유

독서 능력은 보통 다섯 단계로 발전해갑니다. 첫 단계가 예비 독서가. 엄마 배 속에서 시작해 태어나 2000일까지가 유아기인데요. 이때 부모가 할 수 있는 일 중 가장 중요한 일이 '이야기 들려주기'입니다. 읽어주기보다 더 중요하고 필요한 일이지요. 이야기 들려주기를 힘들어하는 요즘 부모들께 차선으로 권하는 것이 '읽어주기'입니다. 이때 들려주거나 읽어주면 좋은 것이 운율이 있는 시, 노래처럼 짤막하고 리듬감 있는 글입니다. 눈을 맞추면서 대화를 나누듯 들려주는 것이 좋은데 정 힘들다면 품에 안고 함께 책을 읽는 것만으로도 충분합니다.

부모가 매일 이야기를 들려주거나 책을 읽어주는 것은 유아기 뇌 발달에 매우 큰 영향을 미칩니다. 이해력과 어휘력이 향상되지요. 가장 좋은 점은 아이와 부모 사이 관계가 끈끈해진다는 것입니다.

'읽어주기'에서 중요한 것은 '읽어주는 사람의 태도와 마음'이에요. 누군가가 나를 위해 즐겁고 행복한 마음으로 책을 읽어준 기억은 아이의 내면에 깊이 각인됩니다. 그 기억이 책을 읽고 싶게 만드는 씨앗이 되지요. 가능하면 혼자 책을 읽을 수 있는 나이가 되어도, 열다섯 살까지는 책을 읽어주기를 권합니다. 제주 '책 읽는 엄마학교'에서 활동해온 이숙현 님은 지금도 중고생 두 아이에게 책을 읽어주고 있답니다.

"큰애가 고등학교 1학년, 작은애가 중학교 1학년인데, 그림책을 지금도 같이 읽습니다. 좋아하는 책이 있으면 통째로 다 읽어줘요. 한번은 작은애가 서점에서 《달러구트 꿈 백화점》을 골라 왔기에 같이 읽었어요. 오디오북을 이용해 보기도 했는데요. 오디오북과 엄마 아빠의 육성은 확연히 다르더군요. 주변에서 다 큰 아이들에게 왜 책을 읽어주냐고 하는데 한번 해보시라고 추천을 드립니다. 아이들과 대화하고 소통할 수 있는 시간이 됩니다."

열다섯 살 정도가 돼야 아이들은 듣기 능력과 읽기 능력이 같아집니다. 이때도 잊지 말아야 할 것이 '부모의 마음'입니다. 책을 얼마나 많이 읽어주느냐가 중요한 게 아니라 책 읽어주는 시간을 통해 부모가 자신을 얼마나 많이 사랑하는지 자녀가 느낄 수 있어야 해요. 오디오북은 절대 대신해 줄 수 없는 일이지요.

소설가 박완서 선생님은 어렸을 때 어머니가 책 읽어주는 소리를 들으면서 책과 가까워졌다고 합니다.

어머니는 이야기를 아주 잘 하셨죠. 어머니는 시골에서 드물게 글을 읽는 여자였습니다. 필사본 책을 많이 가져다 읽으셨어요. 어린 시절 방학 때 시골에 내려가면, 자다가 깨서 보면 어머니의 얘기가 계속되고, 또 자다가 깨서 보면 계속되고 하는 것이었습니다. 특히 풀지 못한 게 한이 되어서 가슴에 무언가가 생겨서 죽었다는 얘기라든가, 맺혔던 말을 풀어놓았을 때 행복해하던 모습 같은 게 잊히지 않습니다._ 박완서, 《우리가 참 아끼던 사람》 중에서

책은 가족 간에 소통의 창이 되어줍니다. 책을 읽어주면서 아이가 좋아하고 관심 있어 하는 것에 대해 자연스럽게 대화를 나눌 수 있어요. 아이에게 말해주고 싶은 것을 책으로 전달할 수도 있습니다. 중학생 아이를 둔 어머니는 아이가 스마트폰 사용 시간을 늘려달라고 조르길래 스마트폰에 관한 책을 함께 읽었다고 합니다. 책을 다 읽고 나자 아이가 스스로 스마트폰 사용 시간 제한이 필요하다고 말했다는군요. 남원 도통초등학교에서 5년간 교사 밑줄독서모임에 참여한 김달님 선생님이 들려준 사례도 있습니다.

"학부모 상담 때 한 어머니가 '남자 아이라 소통하기 힘들어요. 핸드폰만 보고 게임만 하는데 어떻게 대화를 해야

할지 모르겠어요'라고 고민하시더군요. 그래서 아이가 축구를 좋아하니까 좋아하는 축구 선수와 관련된 책을 함께 읽어보시라 권해드렸어요. 며칠 후 어머니에게 연락이 왔는데요. 축구 선수에 관한 책을 함께 읽었더니 아이가 너무 좋아하더라고 하시면서 아이와 책으로 이야기를 나누게 될 줄은 몰랐다고 기뻐하시더라고요."

가족 독서로 아이와의 대화가 술술 풀려요

가족들과 대화를 얼마나 나누시나요? 2020년 여성가족부가 실시한 '가족 실태조사'와 '청소년 종합 실태조사'에 따르면 '배우자와 하루 평균 대화 시간'이 전혀 없거나 1시간 미만이라고 답한 이들이 58.5퍼센트로 절반이 넘습니다. 청소년이 부모님과 보내는 시간은 평균 1시간 미만이라고 해요. 대화하는 시간은 더 적겠지요. 세상에서 가장 가까운 사이가 가족이라지만 실상 가족끼리 많은 대화를 나누지 않습니다. 아이가 십 대가 되면 부모와 자녀가 나누는 대화가 더 적어지지요. 특별한 문제가 있을 때가 아니라면 "밥 먹었니?", "늦게 다니지 마라", "학원 갈 시간이야" 같은 일방적인 말만 하게 됩니다.

가족 독서모임을 하면 대화의 폭이 엄청나게 넓어집니다. 책 이야기를 하면서 은연중 자기 생각이나 감정, 속내가 드러나니까 갈등이 생기기 전에 서로를 이해할 기회가 만들어지지요.

가정에서 독서모임을 할 때 어떤 책을 읽을지가 큰 고민일 텐데 엄마가 독서모임에서 읽은 책으로 시작해보면 좋겠습니다. 엄마는 모임에서 한 번 다루어본 책이라 언제 어떤 상황에서 읽으면 좋을지 감을 잡고 미리 준비할 수 있지요.

독서모임에서 책을 공동구매하면 언제라도 활용할 수 있는 자원이 마련됩니다. 든든하지요.

독서모임은 두 시간가량 진행되지만, 함께 나누는 이야기는 모임 이후에도 계속됩니다. 대화가 늘면서 서로에 대한 이해도 조금씩 깊어집니다. 유독 가족에게는 자신의 욕구를 더 내세우게 되고 충분히 공감받기를 원합니다. 서로를 잘 알고 있다고 오해하고는 나랑 같은 생각이겠거니 착각하기도 하고요. 내 뜻대로 상대를 바꾸려고 하기도 합니다. 그렇게 되면 점점 더 대화는 줄고 소통이 힘들어지지요.

특히 가족과 대화가 안 된다며 고민을 털어놓는 아빠들이 많습니다. 다양한 방법을 써서 대화를 시도해보는데, 노력하면 할수록 늪에 빠지는 느낌이라고 하세요. 부모 입장에서는 대화이지만 아이 입장에서는 간섭, 잔소리일 가능성이 큽니다. 잘못하면 관계가 단절되고 말아요. 가족과의 대화가 즐겁다면 피할 이유가 없겠지요. 《비폭력 대화》의 저자 마셜 로젠버그는 어떤 대화는 나로서만 대화였을 뿐 상대에게 무서운 폭력이 될 수 있다고 경고합니다. 그리고 우리 자신을 바꾸는 일은 우리가 매일 쓰는 언어와 대화 방식을 바꾸는 데서 시작된다고 하지요.

그런 변화를 원한다면 《창가의 토토》를 가족이 함께 읽어보기를 권합니다. 동화이자 훌륭한 교육서로, 일본 배우 구로야나기 테츠코의 자전적인 소설인데요. 제가 교사로 발령을 받은 이후 처음으로 '학교를 그만둘까?' 고민할 때 제자에게 선물 받은 책이었어요. 해마다 이 책을 꺼내어 읽으면서 교사 시절을 추억하는데, 거의 백 번쯤 읽은 것 같습니다.

《창가의 토토》에 나오는 고바야시 교장선생님의 말과 행동은 읽는 이에게 '아이들에게 말할 때는 이렇게 말해야 하는구나…' 하며 자신을 돌아보게 만듭니다. 고바야시 선생님은 어리다고 무시하지 않고, 아이들의 행동을 쉽게 판단하지 않습니다. 옳지 않은 행동을 한 경우에도 일단 아이가 하는 말을 끝까지 들어줍니다.

독서모임은 자녀를 하나의 인격체로 존중하며 대화하는 연습을 하는 일종의 훈련장입니다. 4년째 밑줄독서모임을 하고 있는 한 회원은 아이를 대할 때 한 번 더 생각하게 되었다고 말합니다.

"믿는 만큼 아이들은 자란다고 하죠. 밑줄독서모임에서 이런 내용을 만나면 좀 더 실천해봐야지 다짐하게 됩니다. 물론 작심삼일로 끝날 때도 많지만요. 그래도 아이들을 대할 때 믿고 기다려줘야지, 한 번 더 생각하게 돼요."

책을 준비할 때 가족끼리 하니까 책을 한 권만 사서 돌려보면 된다고 생각하기 쉬운데요. 가족 수대로 책을 준비하는 것이 좋아요. 저 역시 처음에는 제가 이미 읽은 책이고 쉬운 내용이니까, 남편 이틀, 아들 이틀, 이렇게 일주일이면 충분히 돌려 읽을 수 있겠다고 생각했어요. 그렇게 되지 않더군요. 엄마 밑줄독서모임에서 읽은 책이라면 다른 회원들에게 책을 빌려서 가족 인원수대로 준비할 수 있겠지요.

어떤 책이든 가족이 함께 읽을 수 있습니다. 부담 없이 쉽게 읽고 재미있게 대화를 나눌 수 있는 그림책도 좋아요. 독서모임의 한 엄마가 그림책 가족모임을 해봤다면서 알퐁스 도데의 그림동화 《스갱 아저씨의 염소》를 읽은 경험을 들려주었는데요. 언성 높일 만한 이야기를 부드럽게 풀었다고 하면서 좋아하시더군요.

매일 10분씩 돌아가면서 낭독을 하는 방법으로 시작한다면 큰 부담 없이 가족 독서모임을 시도해볼 수 있습니다. 서점 '노란우산'을 운영하는 김종원 대표님은 아빠 밑줄독서모임에서 활동하다가 이 경험을 살려 가족 독서모임을 만드셨습니다. 책은 성경 하나로 정해서 가족 성경낭독모임을 하고 계십니다.

"밑줄독서모임의 경험을 바탕으로 '성경'이라는 '책'을 놓고 가족모임을 해보자 제안했습니다. 매일 가족이 모여 돌아가면서 비슷한 분량을 낭독하는 식으로 진행하죠. 성경에 직접 밑줄을 긋는 대신 포스트잇으로 표시를 했다가 그 부분에 관해 이야기를 나눕니다. 우리 가족은 각자 밑줄독서모임에서 활동을 하는데요. 아이는 청소년 밑줄독서모임, 아내는 엄마 밑줄독서모임, 저는 아빠 밑줄독서모임, 이렇게 경험을 공유하고 있으니까 지금은 나누는 것이 더 풍성해졌어요. 예전에 혼자 성경을 읽을 때와 또 다른 느낌입니다."

누군가 제게 지금까지 살면서 가장 크게 후회되는 일이 무어냐고 물으면 주저 없이 "가족 독서모임을 너무 늦게 시작한 것"이라고 대답합니다. 이 생각만 하면 아쉬움이 사무

칩니다. 아이가 대학생이 되었을 때(집에서 서로 얼굴 보기 어렵지요) 가족 독서모임을 제안했습니다. 아들은 시큰둥했습니다. 아르바이트도 하고 공부도 해야 하는데 바쁘고 시간이 없다면서요.

"2시간 정도 필요한데 한 번에 5만 원 어때?"

아들은 바로 좋다고 하더군요. 조건은 일주일에 한 번, 책은 엄마가 고르는 것으로 하고, 밑줄독서모임 형식으로 하기로 했어요. 그렇게 남편과 셋이서 하는 가족 독서모임이 시작되었는데요. 시간이 흐르면서 어느 틈에 아들이 "엄마, 이 책 읽어보셨어요?" 하며 제가 안 읽어본 책을 추천하기 시작했습니다. 결국에는 아들이 권하는 책으로 독서모임을 하게 되었는데요. 덕분에 요즘 젊은이들이 어떤 책을 읽는지 알게 되어 좋았습니다. 좋은 책을 권해줘서 고맙다고 책 추천비를 더 주기도 했습니다. 아들이 군대에 가기 전까지 우리 가족 밑줄독서모임은 계속되었습니다. 이 좋은 것을 왜 이제야 시작했을까, 좀 더 일찍 시작했으면 얼마나 좋았을까, 돌아볼수록 후회가 남는 일입니다.

세상에서 가장 친밀한 관계가 가족이라고 하지만, 가장 가까운 사이일수록 마음을 표현하기가 더 쑥스럽고 어렵습니다. 막상 무슨 이야기를 꺼내야 할지, 어떤 방식으로 대화를 이어가야 할지 막막하게 느껴지기도 합니다. 밑줄독서모임은 가족 간 대화의 물꼬를 트는 좋은 계기가 되어줄 수 있다고 생각해요. 서로의 말을 진심으로 경청하고 뜨겁게 공감하는 과정에서 마음의 빗장은 서서히 풀리게 됩니다. 이 놀라운 순간을 더 많은 가족이 경험하기를 바랍니다.

어린이·청소년을 위한
밑줄독서모임 운영법

──────── 엄마가 밑줄독서모임에 나가고, 틈틈이 책 읽는 모습을 본 아이들은 언젠가 이런 말을 꺼낼 가능성이 큽니다.

"엄마, 나도 엄마 책 읽으면 안 돼요?"

"나도 엄마처럼 독서모임 하고 싶어요."

대성공입니다. 엄마가 가라고 하는 게 아니라 아이가 스스로 친구들과 독서모임을 하고 싶다고 하니 말입니다. 하지만 이런 경우는 극히 드물지요. 그만큼 책 읽기는 어렵고 힘든 일입니다.

엄마들이 밑줄독서모임을 하면서 어느 정도 익숙해지면 다음에는 구성원들을 모아서 자녀 밑줄독서모임을 만들고 싶어합니다. 밑줄독서모임은 각자 밑줄을 읽고 이유를 말하는 정도로 부담 없이 진행되기 때문에 진행 경험이 없다 해도 30회 정도만 밑줄독서모임에 참석해보면 아이들 밑줄독서모임을 이끌기에 무리가 없습니다. 만약 아이가 밑줄독서모임은 괜찮지만, 엄마가 진행하는 모임에는 들어가기 싫다고 한다면 동네 도서관에서 모임을 만들거나 다른 엄마가 만든 자녀 밑줄독서모임에 보내면 되겠지요. 엄마 독서모임에서 두 분이 각각 아이들을 모아 두 개의 독서모임을 만들고 자신의 아이는 서로 다른 엄마가 진행하는 독서모임에 보내는 식으로요. 중학생이면 또래끼리 하기도 하는데 가능하면 독서모임 경험이 있는 대학생이나 젊은 어른을 진행자로 소개해줍니다.

아이들은 독후감을 쓰지 않아도 된다는 사실 하나만으로도 밑줄독서를 환영합니다.

"밑줄독서모임을 가면 마음이 편해요. 책을 읽고 밑줄을 긋고, 할 말이 없으면 밑줄 그은 부분만 낭독해도 되니까요. 그냥 공책에 옮겨 적기만 하면 되고요."

"다른 친구들이 밑줄 그은 부분을 들으면서 책을 꼼꼼하게 읽어야겠다는 생각이 들었어요."

"책을 읽고 나서 공유할 친구들이 있고 재미있게 읽은 책에 대해 말할 수 있어서 좋아요."

"새로운 책을 읽게 돼서 좋아요. 관점이 다른 또래 친구들과 이야기하다 보면 생각도 더욱 깊어지는 것 같아요."

문해력과 어휘력 향상은 덤

청소년기에는 많이 읽는 독서도 중요하지만 한 권을 읽고 여럿이 이야기를 나누는 시간이 특히 중요한데요. 밑줄독서는 쉽고 편하게 집중적인 독서를 할 수 있게 합니다. 쓰기 싫어하는 요즘 아이들이지만 밑줄 그은 좋은 문장을 베껴 쓰면서 새로운 경험을 하고 덤으로 문해력, 어휘력을 기를 수도 있어요.

제주 김영수도서관에는 청소년을 대상으로 한 밑줄독서 모임이 있는데 대단한 인기를 끌고 있다고 해요. 처음엔 심드렁했던 친구들이 프로그램이 끝날 때는 함께 사진을 찍자고 하며 아쉬워한답니다. 그 이유를 '김영수 도서관친구들' 신인기 회장님은 이렇게 보고 있어요.

"아이들은 모임을 통해 일종의 '수용 받는 느낌'을 받는 것 같아요. 돌아가면서 밑줄에 관해서 이야기하니까 어느 한 사람에게만 관심이 집중되지 않고, 어떤 판단이나 평가도 하지 않고 온전히 들어주니까요. 그러면 내 생각이나 감정이 수용 받는 듯한 느낌이 들잖아요."

어린이·청소년 밑줄독서모임은 밑줄을 낭독하고 더 나아가 토론 형식으로 진행해도 좋습니다. 한 예로 동화《돌 씹어 먹는 아이》의 경우 동화집과 그림책으로 출간되어 있어요. 저학년이라면 그림책, 고학년은 동화를 읽고 몇 가지 질문에 대한 의견을 나눠볼 수 있습니다.

주인공은 '돌 씹어 먹는 아이'입니다. 자신이 돌을 먹는다는 사실을 알면 가족들이 실망할 것을 염려한 아이는 긴 여행을 떠납니다. 자신과 비슷하게 돌을 씹어 먹는 친구들을 만나고 돌산에 가서는 수염이 하얀 할아버지를 만나는데요. 아이가 할아버지에게 묻습니다. "계속 돌을 먹어도 괜찮을까요?" 할아버지는 "그럼, 넌 돌 씹어 먹는 아이인걸. 무엇을 먹으면 어때, 신나게 뛰어다니며 무럭무럭 자라렴"이라고 얘기합니다. 아이는 결국 집으로 돌아가서 가족들에게 사신이 돌을 먹는다는 사실을 털어놓아요. 그러자 가족들은 아이에게 자신들의 비밀을 고백합니다. 아빠는 흙, 엄마는 못과 볼트, 누나는 연필에 달린 지우개를 먹어왔다는 사실을요.

돌을 먹는다는 건 무슨 의미일까요? 살면서 돌산 할아버지 같은 사람을 만난 적이 있었나요? 나라면 가족들에게 돌을 먹는다는 비밀을 털어놓을 수 있을까요? 이런 질문에 답하다 보면 흥미진진한 이야기들이 꼬리에 꼬리를 물고 이어집니다.

청소년 소설로는 《바르톨로메는 개가 아니다》를 추천하고 싶은데요. 이 책은 주인공 바르톨로메에게 감정이입하는 순간 단숨에 읽히는 흥미진진한 소설입니다. 읽는 재미와 함께 17세기 스페인 사회와 당시 화단의 풍경, 장애인의 성장 과정 등 많은 것을 생각하게 합니다. 주인공은 17세기 스페인 화가 벨라스케스의 유명한 그림 〈시녀들〉에 나오는 개입니다. 사실은 개가 아니라 심한 불구라서 세상 사람들로부터 개로 살기를 강요당한 바르톨로메라는 소년이에요. 이 책은 바르톨로메가 주변 사람들과의 관계 속에서 성장해가는 이야기를 담고 있습니다. 엄마, 아버지, 누나, 형, 이웃이 바르톨로메를 왜 그렇게 대했는지, 나라면 어떤 선택을 했을지 등등 다양한 의견을 나눠볼 수 있지요.

아이들 모임에서는 책을 안 읽어오는 경우가 어른들보다 많습니다. 희곡을 아이들 모임에서 유용하게 활용할 수 있습니다. 각자 배역을 맡아서 낭독으로 희곡 한 편을 읽으면 2시간이 순식간에 지나가지요.

가만히 생각해보면 평소 우리가 접하는 도서목록엔 희곡이 아예 없다는 사실을 알게 됩니다. 저는 4년 전부터 희곡 읽기 모임을 진행하고 있는데 이 모임이 참 묘한 매력이 있습니다.

최근 어린이를 대상으로 하는 희곡집이 나오기 시작했어요. 굉장히 반가운 일입니다. 동화집《돌 씹어 먹는 아이》도 어린이 희곡집으로 나와 있습니다. 희곡은 원작을 충실하게 담아내면서 연극 대본의 특징을 살리기 위해 극적 요소를 배치해서 읽는 재미가 있어요.

희곡을 낭독할 때의 느낌은 눈으로 읽을 때와 전혀 다른 독서 경험인데요. 인물에 감정이입이 이루어지므로 몰입도가 엄청 납니다. 평소에 감정을 잘 내보이지 않는 아이라면 낭독을 통해 감정 표현에 대해 알게 되지요. 안에 있는 것이 폭발하듯 카타르시스도 느끼게 됩니다. 상대방과 대화하기 때문에 소통에 내해 생각할 수도 있고요. 어린이·청소년 독서모임이라면 격주로 짧은 동화와 희곡을 번갈아 읽어보라고 적극 권하고 있습니다. 무엇보다 아이들은 연극을 정말 좋아합니다.

책 안 읽어 오는 아이들을 위한 몇 가지 전략

'전력 독서'도 아이들과 즐겁게 도전해볼 만한 독서법입니다. 어린이와 청소년 독서모임을 진행하는 어른들이 가장 곤란할 때가 아이들이 "책을 못 읽었는데요!"라고 할 때입니다. 기운 빠지는 순간이지요. 그럴 때 제가 좌절하지 않고 씩씩하게 자주 이용하는 독서법입니다.

"좋아! 그럼 지금부터 30분 동안 책 읽으면서 밑줄 긋기!"

읽은 분량이 다 제각각이므로 어디까지 페이지를 정해서 읽게 할 수는 없습니다. 그래서 시간을 정해놓고 읽게 하는 거지요. 째깍째깍 소리가 나는 초시계가 있다면 더 효과적입니다. 말 그대로 '촌각'을 다투는 운동 경기처럼 느껴져서 아이들이 집중해서 읽기 시작합니다. 이때 저는 10분 간격으로 초콜릿 세 알을 먹게 합니다. 책과 함께 기분 좋은 달콤함을 맛보게 하는 것이죠. 이처럼 아이들 밑줄독서모임에는 함께하는 시간이 즐거워지도록 여러 가지 장치를 준비하는 것이 좋습니다.

청소년과 밑줄독서모임을 할 때는 꼭 간식을 준비해 주세요. 아이들이 좋아하는 맛있는 간식을 준비해서 모임 후에 다 같이 음식을 먹으며 책 수다를 떠는 겁니다. 모임이 끝나고 아이들이 먹고 싶어 하는 음식을 다 같이 먹으러 가는 것도 아이들에겐 해방구 같은 시간이 되겠지요.

초등학교 3학년 때 친구들과 시작한 밑줄독서모임 '남책모(남자들의책모임)'를 중학교 2학년 때까지 계속한 김정현은 이렇게 기억합니다.

"초등학교 3학년 때 같은 반 친구들과 시작해서 중2까지 책 모임을 했어요. 그 뒤로 코로나 때문에 더 진행할 수가 없었는데요. 그래도 그때 책을 읽고 이야기를 나눴던 시간이 차곡차곡 쌓여 열아홉 살 지금의 제게 큰 힘이 되고 있어요. 밑줄독서모임을 한 뒤 나만의 시각이 아니라 다른 사람의 시각에서도 책을 볼 수 있게 되었어요. 그 결과 생각이 많이 넓어졌어요. 가끔 그때 기억을 떠올려보기도 하는데 밑줄독서모임은 책장 같아요. 특히 잊지 못하는 추억은 백석 시인의 《개구리네 한솥밥》을 읽고 각자 집에서 재료를 가져와 큰 양푼에 넣고 친구들, 부모님들과 함께 먹었던 일이에요. 지금 생각해보면 그렇게 대단한 경험은 아닐 수 있는데 저에겐 따뜻한 기억으로 남아 있어요."

낭독으로 하는
밑줄독서모임

──────── 책을 읽고 모임에 참여하는 것이 아니라, 밑줄독서모임 2시간 동안 소리 내어 읽는 낭독으로 진행할 수도 있습니다. 독서 시간이 절대적으로 부족한 경우나 시니어 모임에 추천하는 형식이지요.

소리 내어 읽다 보면 낭독이 주는 즐거움을 맛볼 수 있습니다. 읽는 사람은 책의 내용을 꼼꼼히 깊이 있게 파악할 수 있어요. 자신의 목소리가 귀에 들리면서 저자 특유의 문장 호흡과 리듬을 느끼게 되고, 마치 주인공이 된 듯 감정 이입을 할 수 있습니다. 하나의 텍스트에 낭독하는 사람과 듣는 사람 모두의 눈과 귀가 모이면서 이 순간을 함께하고 있음을 깊이 느끼게 되지요. 진주 마하도서관에서 낭독모임을 하는 분들의 소감입니다.

"아들 둘 키우는 30대 주부입니다. 육아로 지쳐 있었는데, 낭독모임을 하면서 내가 잘하는 게 무엇인지, 내가 진정 원하는 게 무엇인지 내 삶의 방향을 찾아가고 있습니다. 예전에는 에너지가 많은 사람이었고 뭐든 열정적이었어요. 그런 제 모습을 되찾을 수 있다는 기대를 하고 있어요."

"평소 읽고 싶었지만 자신이 없던 책들을 낭독모임에서 함께 읽는다고 해서 용기를 냈습니다. 밑줄을 서로 나누다 보면 공감에서 오는 위로와 타인의 감정을 폭넓게 이해하는 데 도움이 됩니다."

"같은 내용을 읽고 소통과 공감을 하는 시간, 그 자체가 참 좋습니다."

"낭독모임을 통해 소통과 공감에 대해 깊이 생각하게 되었습니다. 같은 문장을 읽고도 각자 자기의 경험에 따라 받아들이는 느낌이 조금씩 달라서 고정관념을 깨는 데 크게 도움을 받았어요."

요즘은 혼자서 조용히 읽는 묵독이 보편화되어 있지만, 과거엔 그렇지 않았지요. 서당에서 천자문을 소리 내어 읽는 것처럼 소리 내 읽는 것이 일반적이었습니다. 옛사람들이 굳이 힘들게 소리를 내서 책을 읽은 것은 소리를 통해 글 속에 담긴 기운이 자신에게 전해진다는 생각 때문이었다고 합니다. 중세 수도원에서도 입으로 중얼거리면서 고전을 외우고, 끊임없이 되새김질했어요. 안중근 의사가 "하루라도 책을 읽지 않으면 입속에 가시가 돋는다"라고 한 이유는 바로 낭독에 있어요. 책이 눈으로 읽는 것이라면 혓바닥에 가시가 돋는 게 아니라 '눈병이 난다'가 되어야 했을 테니까요.

낭독, 음독의 장점은 많은데요. 그중 하나가 기억이 잘된다는 겁니다. 뇌 전문가들은 소리 내 읽는 훈련을 많이 하면 뇌의 광범위한 영역이 활성화된다고 합니다. 소리 내 읽으면 생각하기, 글쓰기, 읽기를 할 때보다 월등히 많은 뇌신경 세포가 반응한다고 해요.

낭독은 또한 혼자 읽기 힘든 책, 몇 번이나 도전했으나 완독에 실패한 책도 끝까지 읽어내게 합니다. 책방 '날일달월'에서는 고전 낭독모임을 진행해 왔는데요. 한 사람이 어느 정도 분량을 읽을지는 책마다 정하기 나름인데, 우리 낭독모임에서는 보통 두 쪽씩 읽고 다음 차례로 이어갑니다. 《파우스트》의 경우는 등장하는 인물이 바뀔 때마다 돌아가면서 읽는 방식으로 진행했어요. 이 책은 2시간에 70쪽 정도를 읽습니다. 책을 완독하는 데 거의 1년이 걸렸습니다.

희곡 읽기의 특별한 재미

낭독모임과 더불어 희곡 읽기 모임도 진행하고 있어요. 역할을 나눠 성우처럼 연기하는 일종의 낭독극이라고 할 수 있겠지요. 희곡 모임은 배우와 함께하는데, 발성이나 발음, 무대 이동 등 연극에 대한 소소한 이야기, 희곡작가, 연극 공연 소식도 들을 수 있습니다. 접하기 어려운 희곡도 추천 받고요. 희곡 읽기 모임에서는 지금까지 32편의 희곡을 읽어왔습니다.

희곡 읽기 모임을 지도해주는 장용철 배우의 말을 들어볼까요.

"희곡은 살아 있는 말들이 냉동 보관된 느낌이랄까요. 소리 내어 읽어보기 전에는 결코 그 말의 온도, 말의 부피감, 그 말을 하는 사람의 마음을 느낄 수 없어요. 함께 모여 희곡을 소리 내어 읽기 시작하면 꽁꽁 얼어 있던 말들이 다시 따듯해지고 어느새 말의 방향성, 부피감, 무게감도 생깁니다. 자기도 모르게 등장인물의 감정을 내 마음속으로 당겨올 수가 있습니다. 극 중 인물이 되어 울기도 하고 웃기도 하는 거죠."

희곡 읽기를 함께하는 회원들은 그 시간에 대해 이렇게

말합니다.

"희곡 읽는 모임은 제게 최고의 놀이터입니다. 희곡 읽기는 놀이터에서 즐겁게 노는 느낌이지요. 매 순간을 즐기게 되고 그 시간이 즐겁고 행복합니다."(정혜선)

"배삼식 작가의 《3월의 눈》이라는 희곡집에 있는 〈화전가〉라는 작품이 특히 기억납니다. 배경은 엄혹한 일제 강점기이고, 그 어려운 가운데도 어머니와 자매들이 오랜만에 모여 잠시 인생의 근심을 떨치고 화전놀이를 준비하는 하루 동안의 일을 구체적으로 그린 작품이에요. 사투리 대사를 우리 희곡 읽기 멤버들이 너무나 찰지게 읽어서 서로 감탄하고 웃음꽃 피우며 읽은 것이 참 따뜻한 추억입니다."(박지혜)

"희곡 낭독을 하면 간접적인 경험을 하게 되지요. 삶을 다루는 장르인 만큼 인물과 사건에 관해 이야기하게 되는데 특히 인물에 몰입하다 보면 인물이 사는 삶을 깊이 느낄 수 있게 된답니다. 이런 경험은 타인을 포용하고 삶을 바라보는 시야를 넓어지게 하지요. 또한, 다양한 감정 표현을 할 수 있어요. 내 안에 그런 감정이 있었나 놀라는 순간이 한두 번이 아니었습니다. 비극이든 희극이든 상관없이 카타르시스를 느낄 수 있어요. 신기해요."(허소희)

함께 읽기 좋은 희곡 13편

소포클레스, 김종환 옮김, 《오이디푸스왕》, 지만지드라마

소포클레스, 김종환 옮김, 《안티고네》, 지만지드라마

에우리피데스, 김종환 옮김, 《메데이아》, 지만지드라마

아서 밀러, 강유나 옮김, 《세일즈맨의 죽음》, 민음사

피터 쉐퍼, 오세곤 옮김, 《에쿠우스》, 연극과인간

안톤 체호프, 김규종 옮김 《체호프 희곡 전집》, 〈바냐 아저씨〉, 시공사

헨리크 입센, 안미란 옮김, 《인형의 집》, 민음사

와즈디 무아와드, 최준호 임재일 옮김, 《화염》, 〈그을린 사랑〉,
    지만지드라마

손톤 와일더, 오세곤 옮김, 《우리 읍내》, 예니출판사

배삼식, 《배삼식 희곡집》, 〈하얀 앵두〉, 민음사

이강백, 《이강백 희곡전집 6》, 〈뼈와 살〉, 평민사

장우재, 《장우재 희곡집 2》, 〈화성인 이옥〉, 평민사

루이지 피란델로, 장지연 옮김, 《작가를 찾는 6인의 등장인물》,
    지만지드라마

나의 밑줄

연극은 가장 몰입감이 큰 '옮겨가기' 방식인 읽기를 통해 우리가 어떤 일을 겪는지를 뚜렷하게 보여줍니다. 이때 우리는 타자를 내면의 손님으로 맞습니다. 때로는 우리 자신이 타자가 되기도 하지요. 그리고 다시 자신으로 돌아올 때 우리는 더욱 확장되고 강해져 있을 뿐만 아니라 지적으로나 감정적으로도 바뀌어 있습니다.

_매리언 울프, 《다시, 책으로》, 81쪽

5
밑줄독서모임 풍성하게 만드는 법

같은 책을
두 번 읽는
즐거움

─────────── 저는 회원들에게 가능하면 책을 두세 번 읽고 오기를 요청합니다. 반복해 읽는 묘미가 있거든요.

처음 읽을 때는 차례를 꼼꼼히 보고 책의 구성과 내용의 흐름을 짚으면서 줄거리를 따라 읽어 나갑니다. 꼼꼼하게 읽어야 할 부분도 있고, 빠르게 훑고 지나갈 부분도 있는데, 부담 없이 연필로 밑줄을 그으며 진도를 나갑니다. 그리고 모임 하루나 이틀 전에 다시 읽어봅니다. 그런데 참 이상합니다. 두 번째 읽으면 더 빨리 읽을 것 같지만 그 반대가 되니까요. 두 번째 읽을 때는 한 문장 한 문장 음미하게 되고, 앞뒤 맥락이 입체적으로 파악됩니다. 복선이 보이고 저자가 말하는 주제도 확실하게 들어오고, 새롭게 밑줄 긋고 싶은 문장이 눈에 띄기도 하지요. 책을 두 번 읽으면 책 맛이 달라집니다. 저는 '내일 독서모임이니 밑줄 그은 부분만 대충 다시 한 번 볼까' 하고 시작했다가 밤을 꼴딱 새운 일이 한두 번이 아니에요.

책을 읽다 보면 처음에는 줄거리를 따라가며 읽느라 밑줄을 많이 치지 못합니다. 두 번째 읽으면 줄거리는 이제 다 알았으니 묘사와 은유, 말줄임 같은 데 꽂히면서 글맛을 음미하며 읽기 때문에 밑줄을 더 많이 치게 됩니다. 이제 그 많은 밑줄 중에서 낭독할 밑줄을 고르는 일이 고민이 될 정도지요. 두 번을 읽어도 여전히 강하게 와닿는 표현만 모임에 가서 소개하는데 하다 보면 10개, 20개가 되기도 합니다.

"제가 너무 많이 읽고 있죠? 밑줄 그은 게 정말 많네요."

밑줄독서모임에서 자주 듣는 반가운 말입니다.

밑줄독서모임을 만들고 함께하다 보니 저는 어쩔 수 없이 한 책을 여러 번 읽게 되는데, 그만큼 얻은 것이 많습니다. 밑줄독서모임이 제게 새롭게 일깨워준 독서의 즐거움입니다.

그림책과 소품으로
특별한 독서모임
만들기

━━━━━━━ 앞서 교실에서 활용하는 밑줄독서모임 편에서 말씀드린 것처럼 그림책은 다양하게 활용할 수 있습니다. 독서 수준이 제각각인 아이들이 모두 재미있다고 느낄 만한 책을 고르기는 쉽지 않은 일인데 이럴 때 유용하지요.

어른들 모임에서도 독서 수준이 제각각인 경우 그림책을 추천합니다. 그림책은 한 권을 여러 사람이 거의 동시에 볼 수 있어서 앉은 자리에서 이야기를 바로 나눌 수 있습니다. 회원들이 각자 읽어 오는 것도 괜찮지만 되도록 책을 준비해 와서 모임에서 바로 읽는 것이 좋겠지요. 부담 없이 참여할 수 있으니 출석률이 높고, 몰입도가 높아집니다. 공감이 가는 문장에 밑줄을 그으며 얘기를 나눌 수도 있고, 그림에 관해 느낌을 나눌 수도 있습니다.

최근엔 그림책에 대한 사회적 관심도 높아졌고 세계 여러 나라의 그림책이 다양하게 출간되고 있습니다. 그림책 읽기 모임이 여기저기서 생겨나고 있을 정도로 그림책을 보는 어른들이 많아졌어요. 이야기 위주의 그림책도 있지만, 인문, 사회, 과학 등 지식이나 생각할 거리를 제시하는 그림책도 있습니다.

단, 그림책을 고를 때는 주제가 명확한 책을 골라야 대화가 풍부해집니다. 대표적으로《세 가지 질문》이라는 그림책이 그렇습니다. 톨스토이의 원작을 존 무스가 고쳐 쓴 그림책인데, 시적인 그림과 함께 철학적인 질문을 담고 있어서 초등학생 모임은 물론 교사 모임에도 자주 추천합니다.

그림책은 마음 열기나 책 읽기에 마중물 역할을 합니다. 저는 밑줄독서모임을 시작하기 전 그림책을 읽어드리는데요. 신기하게도 표정이 모두 행복해집니다. 그림책은 30페이지 정도밖에 안 되는 짧은 분량이지만, 우리가 인생에서 생각해볼 수 있는 주제를 함축적으로 품고 있어요. 어떤 고민이 있을 때 관련된 주제를 다룬 그림책을 읽기만 해도 마음에 여유가 생깁니다. 많은 엄마가 아이들에게 그림책을 읽어주다가 자신이 더 빠져드는 이유가 바로 이런 데 있을 거예요.

반응이 좋은 그림책 15권

이보나 흐미엘레프스카, 이지원 옮김, 《문제가 생겼어요》, 논장

미겔 탕코, 정혜경 옮김, 《쯤 이상한 사람들》, 문학동네

김휘훈, 《하루거리》, 그림책공작소

미야자와 겐지, 곽수진 그림, 이지은 옮김, 《비에도 지지 않고》, 언제나북스

루쉰, 이담 그림, 전형준 옮김, 《어느 작은 사건》, 두레아이들

아드리앵 파를랑주, 박선주 옮김, 《리본》, 보림

허은순, 이정현 그림, 《수박》, 은나팔

간자와 도시코, G. D. 파블리신 그림, 이선아 옮김, 《사슴아 내 형제야》, 보림

이세 히데코, 김정화 옮김, 《나의 를리외르 아저씨》, 청어람미디어

티에리 드되, 염미희 옮김, 《야쿠바와 사자 1,2》, 길벗어린이

팀 마이어스, 한성옥 그림, 김서정 옮김, 《시인과 여우》, 보림

조선경, 《지하 정원》, 보림

다시마 세이조, 고향옥 옮김, 《염소 시즈카》, 보림

라스칼, 루이 조스 그림, 곽노경 옮김, 《오리건의 여행》, 미래아이

구닐라 베리스트룀, 김경연 옮김, 《나는 초등학생이 될 거예요》, 다봄

"밑줄독서모임을 떠올리면 생각나는 것이 무엇인가요?"

하루는 함께 책 읽는 분들께 여쭈었습니다. 많은 분이 '위로', '치유', '용기'를 꼽으셨어요. 누구에게도 하지 못했

던 이야기를 털어놓아서 홀가분하다, 나만 힘들고 외로운 게 아니었다는 걸 확인하면서 기운을 얻게 되었다고 하셨습니다. '책 테라피'라고 할만하지요.

여기에 좀 더 효과를 높일 방법이 있습니다. 좋은 향기로 마음을 편안하게 만들어주는 아로마오일을 활용할 수도 있겠고, 향초로 분위기를 더 부드럽게 만들 수도 있어요. 저는 오랫동안 촛불을 켜고 저녁에 모임을 해왔는데요. 여유롭고 포근해집니다. 촛불에는 마음을 모아내는 구심력이 있나 봅니다. 은은한 촛불을 가운데 두고 한 사람씩 돌아가면서 낭독을 하고 그에 대한 사연을 털어놓으면 공감대가 커집니다. 온종일 팽팽해져 있던 긴장의 끈을 풀고 충전의 시간을 갖게 되지요.

낮에 모인다면 꽃이나 작은 식물을 심은 화분을 테이블에 놔두면 분위기가 한결 환해집니다. 식물은 보는 것만으로도 기분전환에 도움이 됩니다.

독서모임은
뒤풀이로 완성된다

─────── 밑줄독서모임은 가능하면 2시간 이내로 끝내는 것이 좋습니다. 그리고 뒤풀이 시간을 갖는 것이 좋겠지요. 독서모임을 평일 저녁 7시부터 2시간 정도 진행한다면 뒤풀이는 9시 이후에 시작하는 겁니다.

뒤풀이는 음식이나 음료를 먹으며 대화를 나누는 시간입니다. 독서모임은 책을 주제로 서로의 감상을 나누는 것이 핵심이지만 이것만으로는 충족되지 않는 게 있습니다. 이를 풀어내는 시간이 뒤풀이지요. 뒤풀이가 있어야 독서모임에서 미처 나누지 못했던 이야기를 충분히 풀어낼 수 있습니다.

여러 모임을 오랫동안 운영해보니 회원들이 원하는 것은 책을 통한 성찰, 수준 높은 지식이라기보다 실제로 서로 간의 소통과 공유였습니다. 모임에 나와 책 이야기를 하다 보면 결국은 자신의 이야기를 하게 되고 다른 사람의 이야기도 듣게 됩니다. 특히 책에 대해 열띤 대화가 오고 간 뒤에 갖는 뒤풀이는 더욱 흥겹지요.

뒤풀이는 소통과 공유를 위해 더없이 좋은 자리인데요. 서로 이야기를 나누는 게 부담스럽지 않고 편안해야 책 이야기도 잘 나오고, 계속 모임에 참석하고 싶어집니다.

여기서 꼭 유념해둘 것이 있습니다. 사람이 모이는 곳이라면 어디서든 생각이 다른 사람을 만나게 되지요. 독서모임도 예외가 없습니다. 그럴 때 우리는 감정만 상하고 피곤해진다면서 나와 다른 생각을 가진 사람을 피하거나 거리를 둘 수도 있는데요. 저마다 다양한 의견을 갖고 있는 이들이 모여야 모임이 건강하고 오래갈 수 있다는 걸 기억하면 좋겠습니다. 생각도 비슷하고, 말이 잘 통하는 사람들끼리 모이면 분위기가 좋아서 모임이 오래 이어질 거라고 예상하지만, 실제로 그렇지 않더라고요. 약간 의견이 달라서 생각할 거리가 주어져야 서로 성장해가고, 모임도 오래 유지되고 활기를 띱니다. '이 모임에서는 나만 생각이 다르네. 내가 어쩐지 돌연변이나 외톨이가 된 것 같아' 하는 기분이 들 수도 있어요. '저분은 우리와 세상을 보는 법이 정반대야. 말을 건네기가 껄끄럽네'라는 느낌이 드는 회원이 있을 수도 있지요. 그래도 모두가 모임의 구성원이라는 생각으로 서로를 인정해주는 자세를 잊지 말았으면 합니다.

물론 처음에는 불편하고 힘들 수도 있어요. 하지만 시간이 지나면 알게 될 겁니다. 그 과정을 겪으면서 전보다 내가 한 뼘 자라 있고, 모임이 튼튼하게 뿌리를 내렸다는 사실을 말입니다. 숲도 다양한 종과 다양한 키를 가진 나무들이 어울려야 건강하잖아요. 모임도 그렇습니다. 그런 경험을 할 수 있게 해주는 곳이 밑줄독서모임이라고 생각합니다. 뒤풀이는 더불어 어울릴 수 있는 가장 최적의 자리이고요.

교사 밑줄독서모임에서 밑줄독서를 수업에 이용하자는 아이디어를 나눈 것도 바로 이 뒤풀이 시간이었어요. 뒤풀이는 결코 단순한 수다 시간이 아니지요. 모임의 역사는 뒤풀이에서 이루어집니다.

독서계획 세우는
방법과 효과

───────── 사람들은 계획을 세우고 책을 읽으면 확실히 책 읽기가 더 즐거워지고 더 잘 읽게 된다고 말합니다. '올해부터 죽을 때까지 1년에 책 100권 읽기!' 열일곱 살 고1 때 한 이 결심을 육십이 넘은 지금까지 지키고 있다는 한비야 씨는 계획 세우기, 읽을 책 목록 만들기는 즐거운 책 읽기에서 가장 중요한 일이라고 말합니다.

독서계획이 있는 것과 없는 것, 매우 큰 차이가 있습니다. 저 역시 독서계획을 세운 해에 세 배를 더 읽게 되더군요. 밑줄독서모임을 시작할 때 회원들에게 독서계획을 세우라고 권합니다. 연말에 한 해 동안 읽은 책을 총정리하면서 새해 독서계획을 공유하는 것도 의미 있는 이벤트가 됩니다. 다른 회원들과 계획을 공유하게 되면 좀 더 실천을 잘해야겠다 다짐하게 되니까요.

소중한 나의 독서계획

1. 기간 :
2. 목표 :
   나는 (   ) 권의 책을 읽을 것입니다.
3. 내가 책을 읽어야 하는 이유는

4. 실천 계획 :
   1) 나는 한 달에 책을 _____ 권 읽을 것입니다.
   2) 나는 일주일에 책을 _____ 권 읽을 것입니다.
   3) 나는 하루에 책을 _____ (분/시간) 읽을 것입니다.
   4) 나는 하루 중 주로 _____ 읽을 것입니다.
   5) 나는 읽을 때 마음에 와닿거나 중요한 내용에 밑줄을 그을 것입니다.
   6) 나는 책을 다 읽고 난 후 목록을 정리하고,
   7) 밑줄 그은 문장 중 특별한 것을 골라 보물상자에 옮겨 쓸 것입니다.

5. 평가와 보충 :
   1) 평가는 일주일에 한 번 '상·중·하'로 할 것입니다.
   2) 부족한 부분은 주말에 계획을 세워 보충합니다.
   3) 한 달간의 평가 결과를 모아 나에게 선물을 주겠습니다.
      — 상일 때 :
      — 중일 때 :
      — 하일 때 :
   4) 이 계획을 가족과 선생님, 친구들에게 널리 알리고 서로 도우며
      함께 해나갈 것입니다.
6. 열심히 하는 나를 응원합니다.
      — 나에게 하는 말

어떤 분들은 책을 읽는 데 무슨 계획이냐, 몇 권을 읽느냐가 중요한 것은 아니라면서 독서계획에 대해 부정적으로 말합니다. 그러나 오랫동안 책을 놓고 있다가 다시 독서를 시작했거나 이제 책과 친해져야겠다고 굳게 마음먹었지만 몸이 마음을 따르지 않는 초보 독자에게는 계획을 세우는 것이 매우 유용합니다. 계획은 기댈 언덕이 되어준다고 할까요.

앞의 계획표를 제대로 다 채우려면 생각을 많이 해야겠지요. 독서 공책에 바로 쓰는 것보다는 빈칸에 들어갈 내용을 채우고 여러 차례 고치고 다듬은 뒤에 공책에 옮겨 쓰기를 권합니다.

먼저 기간을 볼까요. 6개월로 할 것인지, 1년으로 할 것인지 정해야겠지요. 계획을 세우는 날로부터 6개월 후나 1년 후의 날짜를 세어서 적어봅니다. 꼭 1월 1일부터 시작할 필요는 없겠지요. 책을 많이 읽는 이라면 3개월씩 정해도 되지만 그렇게 많이 읽고 많이 쓰지 않아도 좋습니다. 시작하는 날이 2023년 5월 1일이라면 그로부터 1년 또는 6개월 후의 날짜까지 정하면 됩니다.

다음, 목표는 6개월에 30권을 읽을 것인지, 1년에 50권을 읽을 것인지 크게 정하는 것입니다. 이때 욕심내서 여러 권을 목표로 정하기보다 꼭 지킬 수 있는 만큼만 정하면 좋겠습니다. 옛날 어른들은 '공부하는 사람은 하루에는 하루의 공부가 있어야 하고 1년에는 1년의 공부가 있어야 한다. 하다 말다 하면 공부가 아니다'라고 하셨다지요. 옛날에는 책 읽는 것이 곧 공부였으니 공부를 책 읽기로 바꾸어도 괜찮겠습니다.

책은 조금씩이라도 날마다 읽는 것이 좋습니다. 한 번에 많이 읽으려고만 한다거나, 얼른 읽어 치우는 식으로 권수를 채우려는 것은 좋지 않습니다. 읽고 나면 옮겨 쓰기도 해야 하니 좋은 책을 골라 깊이 생각하며 날마다 읽도록 합니다. 무엇보다 꾸준히 실천해서 약속을 꼭 지키면 좋겠습니다. 이것이 오래 쌓여 습관이 되면 자신감도 생기고 자신도 모르는 새 놀랄 만큼 큰 힘을 갖게 된답니다.

'내가 책을 읽어야 하는 이유'도 곰곰이 생각해 봐야겠지요. 주변에서 이런 분을 많이 만났습니다. 부동산이나 투자 관련 서적만 읽는다는 분, 자기계발서나 육아 관련 서적 혹은 그림책만 본다는 분도 계십니다. 이분들이 이제는 왠지 나를 위한 책을 읽고 싶다고 고백합니다. 책은 많이 읽은 것 같은데 무언가 공허하다고 말이죠. 책을 꽤 읽기는 하는데 돌아서면 하나도 생각이 나지 않는다고 말하는 분도 있어요. 일 년에 한 권도 읽지 않지만, 책을 읽고 싶은 마음은 간절하다는 분도 있네요. 어떤 경우든 독서계획을 세우면 원하는 결과를 얻는 데 큰 도움이 됩니다.

다음은 저와 함께하는 교사 독서모임 선생님들이 '내가 책을 읽어야 하는 이유'에 대해 쓴 내용입니다.

- 마음을 고상하게 하고 싶다
- 수업 시간에 재미있게 이야기해 주고 싶다
- 마음을 아름답게 하여 얼굴도 아름다워지기 위해서
- 역량을 키우기 위해
- 품격 함양, 책 읽고 공부하는 관리자가 되기 위해
- 독서교육을 하기 위해, 평소에 책을 읽지 않아서
- 독서에 관심이 없었는데 이제부터라도 아이들에게 모범이 되기 위해
- 마음을 다스리고 부족한 지식을 얻기 위하여
- 다양한 분야의 지식을 쌓고, 더 넓은 세계를 간접 경험하고 싶어서
- 피곤한 몸과 마음의 힐링을 위해, 컨설팅에 필요한 소양을 쌓기 위해
- 좀 더 나은 내가 되기 위해
- 전문성 향상과 내 아이, 그리고 우리 반 아이들을 위해

- 행복하게 살기 위해
- 내게 있어 독서 시간은 가장 행복한 힐링 시간이 되기 때문
- 책 읽기 자체의 즐거움
- 더 이상 울지 않기 위해

책을 읽어야 하는 이유를 단 하나라도 찾았다면 이제 실천할 계획을 세워보아야 합니다. 먼저 목표한 책을 다 읽으려면 대강 어느 정도의 시간이 필요한지 계산해봅니다. 1년에 50권을 읽기로 했다면 1개월에 적어도 4권, 일주일에 1권은 읽어야 합니다. 일주일에 1권을 읽으려면 하루에 어느 정도 시간을 내야 할까요? 적어도 30분 이상은 읽어야겠지요. 이런 내용을 정리해서 빈칸을 채워봅니다.

계획은 자세하고 구체적인 것이 좋습니다. 하루 30분을 읽어야 한다면 하루 중 언제 읽을 것인지도 생각해봅니다. 아침 시간 10분을 활용할 것인지, 쉬는 시간, 점심시간, 잠자리에 들기 전, 저녁 먹고 난 후, 아침에 일찍 직장에 가서, 출근길 지하철에서 등등 하루 중 언제 책 읽는 시간을 낼 수 있는지 알아봅니다. 어떻게 읽을 것인지도 생각해봅니다.

독서 기록을 하는 분들이라면 목록 정리와 밑줄 긋기, 베껴 쓰기를 하겠다고 정해도 좋겠습니다. 책 내용을 정리하

거나 느낌을 써두고 싶을 때는 메모를 하거나 자유롭게 쓴 다는 항목을 하나 더 만들어도 좋습니다.

다음은 '평가와 보충'입니다.

계획을 세우고 실천하는 것만으로도 힘든데 평가와 보충까지 해야 할까, 이런 생각을 하는 분들도 있습니다. 너무 까다롭게 하지 않는다면 평가는 재미도 있고 보람도 느낄 수 있어 권할 만합니다. 가장 손쉽고 간편하게 하는 방법은 독서달력을 활용하는 것인데요. 탁상달력을 하나 준비해서 'ㅇㅇㅇ 독서달력'이라 이름 붙이고, 약속을 잘 지킨 날 ○, 조금 부족한 날 △, 약속을 지키지 못한 날 ㅁ, 이런 식으로 표시를 해두고 일주일에 한 번씩 보충하고 평가하는 시간을 갖는 것입니다. 금요일까지 실천해보고 부족한 부분은 토요일과 일요일에 보충해서 일주일 단위로 실천을 기록해나가면 한 달 동안 어떻게 독서를 했는지 한눈에 알 수 있겠지요.

그 결과를 상·중·하로 나누어 나에게 상을 줍니다. 교사 밑줄독서모임에 참여했던 한 선생님은 스스로 독서계획을 잘 세우고 실천하면 학급 아이들에게 피자를 사주겠다고 약속했다고 합니다. 아이들이 즐거워하는 모습이 선생님 자신에게 선물이자 보상이 된다는 뜻이겠지요.

자, 이제 계획표가 어느 정도 완성되었으면 주변에 널리 알리는 것이 좋습니다. 친구들과 가족들에게 보여주고 격려의 '한 말씀!'을 받는 것도 좋겠지요.

끝으로 나를 응원하는 '한 말씀!'도 써봅니다.

제 보물상자엔 '날마다 새롭게 시작하기!', '미루지 않기' 이렇게 쓰여 있네요.

6

나를 변화시킨 밑줄독서모임

운동만 좋아하던 내가
앉아서 책을 읽어요

조성현(도롱초등학교 교사)

─────── 2013년부터 4년 넘게 교사 밑줄독서모임에 참여했습니다. 처음에는 엄청난 부담이었어요. 움직이고 땀 흘리는 활동을 좋아하는 사람이라서 가만히 앉아서 책 읽기는 되도록 피하고 싶은 마음이 컸습니다. 책을 사는 것도 익숙하지 않았고, 책 사는 비용이 조금 아깝기도 했지만, 학교에서 진행하는 프로젝트라서 선택권이 없었습니다. 피할 수 없으면 즐기자는 마음으로 나가게 되었는데, 결론적으로 책 읽기가 좋아졌습니다. 강제로 읽어야 하는, 견뎌야 하는 시간이 있었지만, 뒤풀이 시간을 통해 마음이 열리니 책이 잘 읽히기 시작했습니다. 여희숙 선생님이 독서모임 후 밥이나 차를 마시는 자리를 만드셨는데 그 시간이 참 좋았어요. 시간을 내어 책 읽기를 더 권하는 모습에 미안함을 넘어 약간

의 부채 의식을 갖게 되었어요. 그 시간을 통해 동료 교사들의 경험도 간접적으로 들을 수 있었는데, 그 또한 제 삶에 큰 도움이 되었습니다.

조기축구에 가보면 축구를 잘하는 사람보다는 못하는 사람이 더 많습니다. 막걸리 좋아해서 나오는 사람도 많고요. 어쨌거나 나와서 움직이다 보면 축구 실력이 조금씩 늡니다. 밑줄독서모임의 성공 비결도 좋은 만남에 있는 것 같습니다. 좋은 사람들과의 만남으로도 충분히 가치 있는 활동이었고 그 만남을 통해서 좋은 뜻으로 아이들을 키우고 학생들을 가르치면 실패하지 않겠구나, 확신할 수 있었습니다.

교실에서 소외되는 아이 없이
두루두루 친하게 지내요

한송이(초등학교 교사, 한송이 독서모임 운영자)

──────── 2014년에 처음으로 9명이 독서모임을 시작했습니다. 그 사이 여러 번 멤버가 교체되는 과정을 거쳤지만 8년이 지난 지금도 일주일에 한 번 모임을 계속하고 있는데요. 제 경우 밑줄독서를 통해 책 읽기를 본격적으로 할 수 있었어요. 책을 읽고 싶은 갈증만 있지 독서 지도라는 걸 받아본 적도 없고, 알지도 못했는데 진정한 독서를 경험하게 되었지요. 무엇보다 내가 좋아하는 책 위주로 읽어왔는데 다양한 분야의 책을 읽을 수 있었습니다.

또 다른 매력은 '이 책 별로다'라는 생각으로 독서모임을 갔는데 다른 사람들의 밑줄과 생각을 들으면, '와, 이런 책이었어?' 하는 식으로 책에 대한 평가가 뒤집히는 일이었어요. 이런 경험은 제 생각을 돌아보게 하는 중요한 계기가 되었지요.

밑줄독서를 알고 나서 무엇보다 교사로서 자신감과 보람을 얻게 됐어요. 밑줄독서는 적극적인 독서를 하게 만들어요. 요즘 좋은 시청각 자료가 많긴 한데, 시각 자료 보기와 밑줄독서는 전혀 다른 결과를 낳는다고 봐요. 밑줄독서는 책장을 넘기고, 밑줄을 긋고, 그것을 써보면서 자기 몸으로 경험하는 거잖아요. 그 효과를 아이들과 수업하면서 피부로 느껴요.

제가 밑줄독서 전도사가 될 수밖에 없는 또 하나의 이유는 교실에서 소외되는 아이들 없이 두루두루 친해진다는 겁니다. 친구들과 함께 책 읽고 이야기를 나누니까 교실에서 공동체 의식을 기를 수 있어요. 종업식 하면서 친구들에게 하고 싶은 이야기를 해보자 했더니 많은 아이가 "나랑 같이 놀아줘서 고마웠어" 이런 이야기를 하더라고요.

밑줄독서를 만난 건
내 인생에
가장 큰 사건

박현정(광진 초등교사 독서모임)

──────── 8년 동안 밑줄독서모임을 하고 있어요. 코로나 시국에 한동안 모임을 못 갖다가 소수로 몇 명 모여서 해보니까, 우리끼리 해볼 수 있겠다는 자신감이 생겼어요. 6년 만인 2021년 홀로서기를 한 셈이네요.

밑줄독서모임을 갖기 전까지 저는 독서를 10여 년 끊고 있었습니다. 대학에서 대학원까지 10년간 책에 파묻혀 살다 보니 공부에 질린 거죠. 가르치는 교사이면서도 내 인생에 더 이상 공부는 없다고 선언할 정도였어요. 그때는 그걸 자랑스러워했습니다.

그러다 우연히 밑줄독서모임을 만났는데 이건 제 인생에 가장 큰 사건이라고 할 수 있어요. 책은 친구가 되잖아요.

책만 있으면 혼자 있어도 지루하지 않아요. '노년에 최고의 벗은 책이다' 이런 생각이 밑줄독서를 하면서 생겼어요.

사실 초기에는 억지로 책을 읽기도 했어요. 그러다가 점점 책에 빠져든 거죠. 추천해주는 책을 읽는데 이런 세계가 다 있구나, 세상을 보는 눈이 점점 커지고 신나는 겁니다. 여희숙 선생님이 환경, 교육, 정치, 경제, 역사 등 다양한 분야의 책을 추천해주셔서 세상을 보는 안목을 기를 수 있었어요.

TV 틀어달라던 아이들이
책을 읽어달라네요

김진수(책 읽는 엄마학교 회원)

━━━━━━━━ 고만고만한 세 아이를 키우며 시집살이에 매우 힘들었습니다. 밝은 성격이었는데 어느새 마음의 병이 깊어졌어요. 그러던 중 우연히 '책 읽는 엄마학교'를 통해 밑줄독서모임을 시작하게 되었습니다. 처음에는 내가 어떻게 일주일에 한 권씩 읽을 수 있을까 암담했는데 한 권, 두 권 읽으면서 행복해졌습니다. 아직도 멀었고 아직도 힘들어하는데 제 안에 작은 희망의 불빛이 생겼음을 느낍니다. 제가 행복해져야 가족도 행복하다는 걸 조금씩 느끼고 조금씩 배워갑니다.

밑줄독서를 하면서 또 하나의 변화는 집에서 TV 전원을 끄게 되었다는 거예요. 처음엔 강제로 시작했고, 지금도 약간의 강제성이 들어 있지만 석 달이 되어가니 일상이 되었습니다. TV 틀어 달라던 아이들이 책을 읽어달라고 하고, 일기를 씁니다. 아이들이 자랑스러워요. 이 모든 것이 책 읽는 엄마학교의 독서모임으로부터 시작되었음을 꼭 전하고 싶습니다. 고맙습니다.

독서모임을 경험한 뒤 큰아이 친구들을 모아 독서모임을 만들었는데요. 유치원생인 두 아이가 좀 더 크면 또래 독서모임을 만들 꿈을 가지고 있습니다. 더 나이가 들어 할머니가 되어서도 돋보기를 끼고라도 독서모임을 갖고 싶습니다.

생업에 바쁜 아빠들도
독서모임 할 수 있어요

조만재(진주 아빠 독서모임)

―――――――― 진주에는 마하도서관이라는 작은 도서관이 있습니다. 거기서 엄마 독서모임, 학생 독서모임이 열리고 있었는데, 아빠 모임을 해보자는 이야기가 나왔어요. 한 달에 한 권 읽는 거니까, 부담스럽지 않을 거라 하길래 엉겁결에 시작했지요.

대여섯 명 소규모로 시작했는데, 3~4년 지나면서 다양한 직업을 가진 아빠들이 모이게 되었어요. 교감 선생님도 계시고, 방송사 직원, 법률 대리인, 물리치료사, 건축설계사, 타이어 파는 자영업자, 대학교수 등등 직업도 취향이나 관심사도 달랐어요. 관심사가 다르니 좋아하는 책의 종류도 달랐습니다. 그러다 보니 제각각 밑줄 긋는 포인트가 다르더군요. 이렇게나 사람이 다르다는 것을 알게 됐지요.

처음엔 다들 생업이 바쁘니까 시간을 내기가 어려웠어요. 그래도 일단 모이자고 서로 독려하면서 모임을 이어갔습니다. "책 안 읽어도 되니까 일단 와. 와서 맥주 한잔 먹고 가." 이런 말을 많이 했죠. 열심히 책을 읽었다기보다는 놀러 다닌 셈인데, 그 과정에서 좋은 친구들이 많이 생겼어요.

아직도 책 읽기가 힘들다는 분들이 많고 저도 그렇습니다. 그래도 조금씩 발전하고 있고, 좋은 책을 만날 수 있어서 다행입니다.

정치 사회 분야 책도
읽을 수 있어서 좋아요

김라엘(제주 청소년 독서모임)

─────── 처음에는 '독도도서관친구들' 어린이·청소년 모임으로 시작했어요. 지금은 중학생 위주로 운영되고 있는데 3년쯤 되었습니다.

부모님이 서점을 운영하셔서 어려서부터 책과 친하게 지냈는데요. 심심하면 책을 읽었고 부모님이 잠자기 전에 늘 책을 읽어주셨어요. 그런데도 모든 책을 다 좋아하게 되지는 않더라고요. 정치와 사회 분야는 별로 안 좋아하는데 독서모임을 하면서 억지로라도 읽게 되었어요.

독서모임에서 책을 읽으면 혼자 읽을 때보다 좋은 점이 많아요. 저희는 회원들이 각자 책을 추천하고 투표로 읽을 책을 결정하는데요. 우리가 주체적으로 책을 고르는 과정이 참 좋아요. 또 진행하는 방식도 마음에 듭니다. 다른 독서모임에 가면 보통 독후감을 쓰라고 하거나 질문을 주고 그에 대한 답을 하는 식으로 진행되는데요. 밑줄독서모임은 재미 있거나 감명 깊은 부분을 낭독해요. 서로 소통하는 의미가 큰 것 같아요. 또래 친구들과 책에 대해 할 수 있는 이야기 가 별로 없는데, 모임 전후에 진행되는 친목 시간이나 뒤풀 이에서 여러 사람과 만나 이야기를 나누다 보면, 책에 대한 부담감도 사라져서 좋습니다.

논술학원보다
공부에 더 도움이 돼요

조주빈(제주 독도 청소년 독서모임)

──────── 저는 밑줄독서모임을 하고 나서 책을 더 자세하게 읽게 되었어요. 밑줄 긋는 것도 영향이 크지만, 책을 읽으면서 계속 모임에서 어떤 이야기를 할지 상상했어요. 예전에는 거의 스토리 흐름을 따라 책을 읽었는데 지금은 책이 다르게 보입니다.

책 읽기가 공부할 때도 도움이 크게 돼요. 일단, 교과서를 자세히 읽게 되고 필기도 전보다 잘하게 되었어요. 밑줄을 치다 보니까 무엇이 키워드인지, 어디에 밑줄을 쳐야 전체적으로 이해를 하는 건지, 어떤 부분을 기억해야 하는지 판단할 수 있게 되었습니다.

전에 논술학원에서 책 읽고 토론하는 것도 해봤어요. 하지만 밑줄독서모임에서 하면 확실히 달라요. 학원에서 하는 거는 선생님이 다 정해주면 그거에 맞는 자료를 찾고 발표를 하는데, 여기서는 제가 다 해야 합니다. 제가 관심 있는 것을 찾고, 토론 주제도 본인이 정해요.

책에 대한 의견을 나누는 시간도 즐거워요. 저는 개인적으로 풍자하는 책을 좋아하는데, 예를 들어 어른들은 바이러스에 걸려 죽고, 아이들만 남은 사회를 그린《내일은 도시를 하나 세울까 해》라는 책이 있어요. 이 책을 읽고 나서 만약 진짜로 어른들이 갑자기 없어진다면 어디서 어떻게 살아갈 것이냐, 이 문제가 현실에서 어떻게 반영되느냐, 여기서 풍자하는 문제가 무엇인 거 같냐, 이런 이야기를 나눴습니다.

어린이 밑줄독서모임은
2, 3분 만에 마감돼요

신인기(제주 김영수도서관 관장)

───────── 김영수도서관은 제주북초등학교에 있는 작은 도서관입니다. 낮에는 북초 학생들이, 저녁에는 마을 주민들이 이용하는 마을도서관이기도 해요. 도서관 활동가들에 의해서 운영되는, 보기 드문 공간이죠.

도서관 프로그램으로 밑줄독서모임을 만들었는데요. 아이들 독서모임도 해보면 좋겠다는 생각이 들어서 시작해봤습니다. 저학년, 고학년 두 반을 토요일 오전 10~11시에 개설했는데, 순식간에 도서관 최고 인기 프로그램이 되었습니다. 모집 공지를 올리면 2~3분 안에 바로 마감될 정도로요. 신청 인원이 너무 많아 재등록을 금지할 수밖에 없는 일까지 생겼어요.

토요일 오전이면 게으름 피우고 싶은 시간이잖아요. 그

런데 놀랍게도 아이들이 적극적으로 참여해요. 물론 처음에는 그렇지 않았어요. 엄마가 가라고 해서 억지로 나온 아이들은 표정만 봐도 알 수 있잖아요. 앉아 있거나 책을 넘기는 태도, 눈빛이 불만스럽죠. 한마디로 '이걸 내가 왜 해야 하나?' 이런 모습인데 3~4주가 지나고 나면 태도가 완전히 달라집니다. 다른 아이 말에 귀 기울이고 자기가 재미있게 읽은 책을 적극적으로 소개합니다. 프로그램이 끝날 때는 함께 사진을 찍자고 하며 아쉬워합니다. 제가 예전에 논술학원에서 강사로 일했는데, 어느 독서논술 학원에서도 보지 못한 모습이었어요. 도서관에서 이런 프로그램을 만들어 아이들에게 제공할 수 있다는 것이 제게는 큰 보람입니다.

하나 덧붙이면 독서모임 운영은 도서관 활동가들에게 큰 힘이 되기도 해요. 독서모임을 이끌어가면서 활동가들의 역량을 기를 수 있거든요.

숨어 있는 보석 같은 책을 만나
세상을 보는 눈이 달라졌어요

이성희(제주 책 읽는 엄마모임)

──────── 우연히 동네 책방에 들렀다가 밑줄독서모임에 참여하게 되었어요. 밑줄독서모임은 무엇보다 따뜻해서 좋아요.

밑줄독서모임에서 만난 책들은 제게 특별한데요. 미디어나 광고에 오르내리는 베스트셀러가 아니라서 좋았어요. 어디서 이런 책을 찾으셨나 궁금할 정도로 숨겨진 보석 같은 책들이었습니다. 분야도 다양해서 매번 모임마다 새로운 책을 접할 수 있었어요. 덕분에 독서의 폭을 넓힐 수 있었습니다. 세상이 무지무지 넓다는 걸 책을 통해 알게 된 거죠.

무엇보다 독서가 독서로 끝나지 않고 삶으로 이어지다 보니 제 삶이 많이 달라졌어요. 예를 들면, 《한 그루 나무를 심으면 천 개의 복이 온다》라는 책을 읽고 나서 몽골에 나무

심는 단체를 후원하게 되었고, 모임의 한 친구는 직접 몽골 사막에 나무를 심으러 가기도 했어요. 지역의 도서관 활동에 참여하기도 했고요.

밑줄독서모임에서 배운 경험을 토대로 독서모임을 만들어서 동네 친구들과 함께 책을 읽고 있어요. 밑줄독서모임이 아니었다면 독서모임을 직접 운영하는 일은 생각도 못했을 거예요.

타인을 이해하는 폭이 넓어지고
성숙해지고 있어요

최성희(길동무 밑줄독서모임)

──────── 3년 전 우연히 독서모임에 참여하게 되었습니다. 저는 독서모임에서 이야기를 듣고만 있어도 명상이 되는 기분이었어요. 책을 통해 위로받고 회복되는 느낌이었습니다.

무엇보다 저는 책을 읽으면서 엄마를 이해하고 싶다는 생각을 처음 하게 되었어요. 이전에는 감히 상상조차 할 수 없던 내용을 책에서 접했고, 누군가를 이해해봐야겠다고 생각했습니다. 그러니까 더 이상 엄마가 미움의 대상이 되지 않더라고요. 책은 제게 모든 사람이 다를 수 있고 함부로 판단할 수 없다는 걸 깨닫게 해주었죠.

무엇보다 책을 읽으면서 생긴 가장 큰 변화는 나 자신을 조금씩 알아가고 있다는 겁니다. 또 세상을 달리 보게 되었어요. 얼마 전 겨울 방학 때 말레이시아로 한 달 살이를 다녀왔는데요. 독서모임에서《유라시아 견문》이라는 책을 읽었기 때문에 가능할 수 있었어요. 말레이시아에 가서 책에 나온 장소에서 사진을 찍었는데, 황홀했지요.

이제 제게 세상은 큰 마당과 같습니다. 되도록 더 많이 경험해보고 싶고 즐거움을 느끼고 싶어요. 그게 제 인생이 나아가야 할 방향이 아닌가 싶습니다.

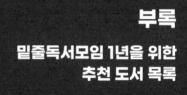

부록

**밑줄독서모임 1년을 위한
추천 도서 목록**

| 1 |

《헨쇼 선생님께》
비벌리 클리어리, 보림

한 아이의 일기와 편지만으로 채워진 책으로, 초등학생을 위한 동화책같이 보입니다. 하지만 밑줄을 낭독하고 그 의미를 되새기다 보면 숨어 있는 보석을 발견하는 기쁨을 느낄 수 있습니다. 독서와 글쓰기를 통해 건강하게 성장해가는 이야기 속에 작가가 교육적인 내용을 곳곳에 숨겨놓았거든요. 이 책은 한 아이가 성장하는 데 주변 어른들이 어떤 모습으로 존재해야 하는지를 보여줍니다. 그래서 교사나 교육 일에 종사하는 분들을 위한 독서모임 책으로 아주 좋습니다. 주인공 아이의 일기와 편지를 읽다 보면 '아, 아이는 이렇게 가르쳐야 하는구나!' '어른의 모습이 이렇게 비치는구나!' 하며 어른으로서의 자신을 돌아보는 시간을 갖게 됩니다. 그 외에도 독서와 글쓰기 교육, 도서관 운영에 관한 소소한 팁을 얻을 수 있습니다.

| 2 |
《청구회 추억 》
신영복, 돌베개

독서모임 사람들이 한결같이 너무나 아름답다고 호평하는 책입니다. 대한민국 진보학계를 대표하는 경제학자이자 문학가인 신영복 선생의 저서 《감옥으로부터의 사색》 중 한 편인 〈청구회 추억〉을 새롭게 엮은 책으로 그림과 장정이 무척 예뻐서 밑줄 긋기가 아까울 정도입니다. 개인적으로 매번 읽을 때마다 눈물을 훔치곤 합니다. 이 책은 선생이 스물여섯 살 때 서오릉 소풍 길에 나섰다가 우연히 초등학생 여섯 명과 만나는 이야기로 시작합니다. 우연히 인연을 맺은 아이들과 매달 정기적으로 만나게 되면서 '청구회'라는 이름도 만들어줍니다. 그러다 1968년 통혁당 사건으로 선생이 갑자기 구속되면서 아이들과의 약속을 지키지 못하는 상황이 되고, 선생은 영문도 모른 채 매월 마지막 주 장충당 체육관 앞에서 자신을 기다리고 있을 아이들을 생각하며 교도소에서 재생휴지에 '청구회 추억'을 써 내려갑니다.

인생에 한 번 스쳐갈 인연일 수 있지만, 소풍 길에 우연히 만난 아이들과의 약속을 끝까지 지켜내고, 그 아이들과의 관계를 유지하기 위해 정성을 기울이고 최선을 다하는 모습에 마음이 뭉클해집니다.

| 3 |
《집을 생각한다》
나카무라 요시후미, 다빈치

이 책의 부제는 두 개입니다. 집이 갖추어야 할 열두 가지 풍경. 그리고 좋은 집이란 무엇인가. 매우 독특하면서도 책 자체의 완성도가 높습니다. 우리가 사는 집을 다시 한번 돌아보게 하고, '나는 어떤 집에서 살고 싶은가?'를 생각하게 만듭니다. 나도 언젠가는 이런 집을 짓고 싶다는 꿈이 생깁니다. 그런데 그 집이 어떤 집인지 아세요? 이 책을 읽고 나면 다들 '원룸'으로 집을 짓고 싶다고 이야기합니다. 세계적인 건축가들이 지은 집들이 소개되는데, 가장 많이 나오는 집의 형태가 바로 원룸 오두막이거든요.

요즘에는 최고급 풀 옵션으로 채워진 신축 아파트가 좋은 집이라고 합니다. 그러나 이 책은 좋은 집이란 자연과 어울려야 하고 편안하게 머물 수 있어야 하고, 주방과 식탁, 빛이 중요하고, 오랜 세월 사람과 함께 나이 들어가야 한다고 말합니다. 현실적인 욕심을 부리느라 우리는 이런 집과 멀어지고 있는 것은 아닌지 생각해보게 됩니다.

| 4 |
《책만 보는 바보》
안소영, 보림

책만 보는 바보를 한자어로 간서치(看書痴)라고 하는데, 조선시대 정조 때의 실학자 이덕무를 일컫던 말이기도 합니다. 안소영 작가가 이덕무의 자서전인 《간서치전》을 읽은 후, 그의 지독한 책 사랑과 벗들에 대해 상상력을 더해 써 내려간 책입니다. 지금이라도 종로 거리에 나가면 이덕무와 홍대용, 박제가, 유득공 등 역사서에서만 접했던 실학자들을 만날 수 있을 것 같은 느낌이 듭니다. 그만큼 생생하고 재미

있습니다.

지독히도 가난했고, 서자 출신이라 관직에도 나갈 수 없었던 이덕무는 온종일 방에 틀어박혀 혼자 실없이 웃거나 끙끙대고 외마디를 지르기도 하면서 책만 들여다봅니다. 굶주릴 때 책을 읽으면 소리가 낭랑해져서 글귀가 잘 다가오고 배고픔도 느끼지 못하고, 날씨가 추울 때 책을 읽으면 소리의 기운이 스며들어 떨리는 몸이 진정되고 추위를 잊을 수 있고, 근심 걱정으로 마음이 괴로울 때 책을 읽으면 눈과 마음이 책에 집중되면서 천만 가지 근심이 모두 사라진다고 합니다. 책을 이렇게도 좋아할 수 있구나, 책을 좋아하는 삶이란 이런 모습이구나, 부럽기도 합니다.

| 5 |
《순례 주택》
유은실, 비룡소

독특한 캐릭터, 유머, 촌철살인의 진한 메시지까지 모든 세대가 공감할 수 있는 청소년 소설입니다. 수림이네 식구가 쫄딱 망한 뒤, 빌라 '순례 주택'으로 이사 들어오면서 벌어지는 한바탕 대소동은 행복해지려고 노력하는 모든 이에게 따뜻한 위로가 됩니다.

"요즘 세상에 이런 사람들이 있을까요?"

아마 작가는 이렇게 묻고 싶은 것이 아닐까요? 짠하면서도 진정성이 담겨 있는 이야기라 읽고 나면 마음이 따뜻해집니다.

독서모임을 하다 보면 힘든 순간이 찾아옵니다. 독서모임에서는 내가 읽고 싶은 책만 읽지 않으니까요. 그럴 때 읽으면 좋은 책입니다. 저 역시 독서모임을 하면서 읽을 양이 많거나 내용이 복잡하거나 어려운 이론서가 이어질 때 중간에 쉬어가는 책으로 이 책을 넣습니다. 후루룩 재미있게 잘 읽히지만 읽고 나면 마음이 따뜻해지니까요. 독서모임에 대해 딱딱해지려던 마음이 풀리면서 다시 열심히 독서모임을 이어갈 수 있게 해줍니다.

| 6 |
《야누시 코르차크의 아이들》
야누시 코르차크, 양철북

단연코 모든 어른이 읽어야 할 책이라고 말하고 싶습니다. 유엔 아동권리선언의 사상적 토대를 마련한 폴란드의 교육자이자 의사이며, 작가, 기자, 사회운동가였던 야누시 코르차크의 글을 엮은 책입니다. 코르차크는 유대계 폴란드인으로 나치의 학살이 절정에 달했던 시절, 본인의 안전을 보장해주겠다는 제안을 거절하고 게토에서 돌보던 고아들과 함께 강제수용소 가스실에서 죽음을 맞습니다.

마지막까지 진정한 교사와 어른으로서의 모습을 보여준 그의 사상과 철학이 잘 담겨 있어 교사뿐 아니라 어른이라면 누구나 꼭 읽어야 할 책이라고 생각합니다. 아이들을 어떻게 이해하고 사랑해야 하는지에 대한 지혜와 통찰이 시처럼 쉽고 간결한 언어로 담겨 있어서 늘 곁에 두고 아무 페이지나 펼쳐서 한 페이지씩 읽어봐도 좋습니다.

'페이지마다 밑줄을 긋게 되는 책', '처음부터 끝까지 필사해도 좋은 책', 이 책은 그런 책입니다.

| 7 |
《내 영혼이 따뜻했던 날들》
포리스트 카터, 아름드리미디어

'한 번 읽고 나면 결코 이전 상태로 되돌아갈 수 없게 만드는 책이다.' 이 책을 이보다 더 잘 소개할 수 있는 표현이 있을까요? 이 책을 읽고 나면 세상이 이전과는 다르게 보입니다. 누가 읽어도 감동하게 되는, 믿을 수 없을 정도로 감동적인 이야기입니다.

자전적인 소설로, 배경은 1930년대 미국의 대공황기입니다. 다섯 살 인디언 소년인 '작은 나무'는 부모를 잃고 체로키족인 할아버지 할머니와 함께 살면서 세대를 이어 내려오는 인디언의 삶의 지혜를 들으며 자라납니다. 책을 읽다 보면 한국어판 제목이 왜 '내 영혼이 따뜻했던 날들'인지 이해가 됩니다. 우리 가슴을 두드리고 영혼을 교육하는 감동적인 이야기가 가득하니까요.

| 8 |
《우리나라 시골에는 누가 살까》
이꽃맘, 삶창

제목이 참 와닿았습니다. 오늘날 우리나라 농촌에 누가 살 수 있을까요? 묻고 싶어지는 요즘입니다. 그런데 젊은 부부가 아이도 어린데, 시골로 가서 8년이나 농사를 지으며 살았다고 하네요. 처음에는 간절히 응원하는 마음으로 읽기 시작했습니다. 그런데 어찌나 밑줄 그을 곳이 많은지…. 농촌으로 간 저자의 가족이 택한 농법은, 놀랍게도 유기농을 넘어 기계 자체를 쓰지 않는 방식이었습니다. 이 농사에는 어린 자녀들도 함께 참여합니다. 도시에서 하듯이 맞벌이를 위해 아이들을 어린이집에 맡기지 않고 오롯이 아이들과 함께 농사를 짓는 이 가족의 선택은 무모하다 싶기도 하고 찡한 울림도 줍니다. 이 책을 함께 읽고 나서 다들 입을 모아 말했습니다. "꾸러미 어떻게 신청하면 될까요?" "우리도 더불어 농사짓는다는 마음으로 함께하면 좋겠어요!"

| 9 |
《열세 살 여공의 삶》
신순애, 한겨레출판

열세 살에 평화시장 시다가 된 이름 없는 '공순이'가 노동조합 활동을 통해 주체적인 '노동자'로 성장하는 실제 체험을 기록한 책으로, 1970년대 노동운동 이야기가 담겨 있습니다. 이 책을 읽고 독서모임을 하면서 가장 많이 하는 말은 "정말 몰랐어요"입니다. 누군가는 그저 노는 데만 골몰했던 유년 시절에 또 다른 누군가는 생존을 위해 노동을 해야 했다는 현실을 알게 되면서 마음이 복잡해집니다. 근현대사

속 어린 여성 노동자에 대한 안타까움과 부끄러움, 존경심이 절로 생깁니다.

저자는 초등학교 3학년을 중퇴하고 열세 살부터 평화시장에서 공장 생활을 시작합니다. '청계 노조'를 알게 된 후 노조가 강제 해산될 때까지 활동합니다. 이 책의 부제가 '한 여성 노동자의 자기 역사 쓰기'이듯, 주류 노동 담론에서 철저히 지워졌던 여공들의 역사가 저자를 통해 세상에 태어났다고 할 수 있습니다.

야학 이야기는 놀랄 만큼 탁월한 교육법으로 교사들의 흥미를 끌기에 충분합니다. 개인적으로는 열세 살 여공의 눈에 비친 조영래 변호사(《전태일 평전》을 쓴 인권 변호사)의 인간적인 모습이 매우 특별하게 다가온 책입니다.

| 10 |
《우리는 작게 존재합니다》
노세 나쓰코 외, 남해의봄날

핸드메이드 그림책으로 종이책을 예술로 끌어올린 인도의 출판사 '타라북스'의 이야기입니다. 타라북스는 남인도에 위치한 작은 출판사로 손으로 떠서 만드는 수제종이를 사용

해서 한 번에 한 가지 색만 찍을 수 있는 실크스크린으로 인쇄를 합니다. 그렇게 인쇄된 종이를 숙련된 기술자들이 '한 땀 한 땀' 실로 꿰매고 엮어 책으로 완성합니다. 책을 주문하고 받아 보는 데 평균 9개월이 걸린다고 합니다.

전 세계 책 애호가들의 열렬한 환호를 받고 있지만, 이들은 작업 인원을 늘리지 않고 자신들이 감당할 만큼만 자연친화적으로 출판을 하며 '작게 존재한다'라는 철학을 고집하고 있습니다. 성공을 크기와 속도의 측면에서 정의하는 이들은 쉽게 납득하기 어려운 이야기이기도 합니다. 요즘도 이런 책이 나온다는 사실에 놀라움과 감동을 느끼며 타라북스의 책을 다시 찾아 읽었습니다.

| 11 |
《한 그루 나무를 심으면 천 개의 복이 온다》
오기출, 사우

사막화된 몽골 모래땅에 나무를 심기 시작해 숲이 조성되자 난민이 되어 고향을 떠났던 사람들이 돌아오는 기적이 일어났습니다. 한 편의 동화 같은 이 감동적인 이야기는 기후변화 문제 해결을 위해 오랫동안 헌신해온 국제 NGO 활동가의 실제 이야기입니다. '1990년 후반 신자유주의가 세계를 휩쓸고 있을 때 인류를 위해 무엇을 할 수 있을까, 치열하게 고민했다'는 오기출은 '푸른아시아'라는 NGO를 만들어 지금까지 이끌어오고 있습니다. 이 책의 부제가 '유일한 환경 노벨상 수상자가 들려주는 기후위기 시대의 해법'이듯, 푸른아시아는 기후위기에 가장 확실한 대안을 제시하고 있고, 그것을 실천하고 있는 단체라고 생각됩니다. 그들이 해온 일을 알고, 할 수 있다면 동참하고, 그들과 함께 희망을 만들어갔으면 해서 이 책을 추천합니다. 책을 읽고 나면 지구를 위해서 무언가를 해야겠다는 생각이 들고 내가 할 수 있는 일이 있다는 데에 감사한 마음이 생깁니다. 이 책을 함께 읽고 푸른아시아를 통해 나무 심기를 꾸준히 하고 있는 친구들이 많아졌습니다. '도서관친구들'은 직접 몽골에 가서 현장을 보기도 했고요.

| 12 |
《좁쌀 한 알》
최성현, 도솔

고향인 원주를 본거지로 삼아 평생을 민주화 운동과 생명·

협동 운동에 헌신한 장일순 선생에 관한 책입니다. 장일순 선생은 개인적으로 '어떻게 살아야 할까?' 고민이 될 때 가장 먼저 떠오르는 분이기도 합니다. 선생의 일화를 읽다 보면 '정말 이런 사람이 있을까?'라는 생각이 들 정도로 도덕적으로나 사상적으로 이상적인 분입니다.

'원주의 예수'라고도 불렸던 선생의 집은 그분으로부터 지혜와 힘을 얻으려는 사람들로 일 년 내내 빌 틈이 없었다고 하지요. 저자는 장일순 선생과 인연이 있었던 분들을 일일이 찾아다니며 그분에 대해 일화를 수집해 정리하고, 재야 서화가로서의 면모를 보여주는 글씨와 그림을 모아 책에 담았습니다.

| 13 |
《바르톨로메는 개가 아니다》
라헐 판 코에이, 사계절

17세기 스페인 화가 벨라스케스의 유명한 그림 〈시녀들〉에는 국왕 부부, 공주, 시녀, 난쟁이, 개 등이 나오는데, 이 책은 그림 속의 개를 주인공으로 삼은 청소년 소설입니다. 매우 쉽고 재미있으면서도 많은 생각거리를 던져주는 책입니다. 그림

속의 개는 사실은 심한 불구라서 세상 사람들로부터 개로 살기를 강요당한 바르톨로메라는 소년입니다. 많은 사람이 그를 개로 취급하지만, 그의 추한 외모 안에 담긴 뛰어난 심성과 자질과 성품을 알아보고 도와주는 사람들도 있습니다.

이 책은 바르톨로메가 주변 사람들과의 관계 속에서 성장해가는 이야기를 담고 있습니다. 청소년 독서모임에서는 토론 형식으로 진행해봐도 좋습니다. 책 속에 등장하는 각 인물의 입장에서 바르톨로메라는 소년에게 왜 그랬을까? 나라면 어떤 선택을 했을까? 등등 다양한 의견을 나눠볼 수 있습니다. 더불어 이 한 권의 책으로 17세기 스페인과 당시 화단의 풍경, 장애인의 성장 과정 등 많은 것을 생각하게 됩니다.

| 14 |
《꿈꾸는 카메라》
고현주, 흔들의자

전직 고등학교 음악 교사이자 사진작가인 저자가 4년여 동안 소년원을 다니며 아이들과 사진 수업을 한 이야기입니다. 소년원이라는 폐쇄된 공간에서 아이들이 추상적인 주제에 맞춰 찍어온 사진을 보며 왜 그런 사진을 찍었는지 이야기를 나눕니다. 사진 수업을 통해 아이들이 카메라로 세상과 소통하고 공감할 수 있다는 사실이 흥미롭게 다가옵니다.

저자는 아이들 사진으로 전시회를 열었는데, 사진을 본 사람들에게 큰 울림을 주었고, 그렇게 해서 이 책이 나오게 되었습니다. 책은 아이들과 함께 사진을 찍고, 그 사진으로 글을 쓰고 이야기를 나눈 기록입니다. 사진과 글이 너무나 따뜻하고 감동적입니다. 사진이 사람의 마음을 여는 매우 중요한 도구라는 것을 알게 됩니다.

교사와 부모를 위한 책으로 추천하는 책이기도 합니다. 아이와 함께 사진을 찍은 후 제목을 붙이고, 왜 그런 제목을 붙였는지 대화를 나누어보면 어떨까요. 아이들과 소통하는 방법을 알려주는 좋은 책이라는 생각이 듭니다.

| 15 |
《건지 감자껍질파이 북클럽》
애니 배로스, 메리 앤 셰퍼, 이덴슬리벨

건지는 영국해협에 위치한 채널제도의 섬으로 제2차 세계대전 당시 유일하게 독일에 점령되었던 영국의 영토입니다.

평범한 섬사람들이 고난의 시기에 작은 즐거움과 희망을 통해 삶의 의미를 찾아가는 이야기가 우아한 영국식 유머와 함께 경쾌하고 담백하게 그려집니다.

가장 흥미로운 점은 이 책이 독서클럽을 통해 이야기가 전개된다는 점입니다. 통행금지 시간을 어긴 마을 사람들이 독서클럽을 하다가 늦었다고 임시방편으로 둘러댄 후, 어쩔 수 없이 독서클럽을 급조해 유지해나가면서 벌어지는 이야기입니다. 온갖 사람들이 등장하는데 인물 묘사가 흥미롭고 유쾌한 데다가 이야기가 극적으로 진행되어 끝까지 긴장을 놓지 못하게 합니다.

독서클럽이 중심이다 보니 많은 책이 등장하고, 작가와 등장인물에 대한 묘사 등 책에 대한 다양한 이야기가 나옵니다. 편지글로만 이어지는 500페이지에 달하는 책인데도 힘들이지 않고 즐겁게 읽는 경험을 할 수 있습니다.

| 16 |
《간송 전형필》
이충렬, 김영사

조선 제일의 수장가인 간송의 삶과 문화재 수집에 관한 이야기입니다. 저자는 일제강점기 엄청난 유산을 물려받았으나 아무도 가지 않는 길을 선택한 간송의 삶에 매료되어 집요한 자료 수집과 취재, 철저하고 세심한 고증을 통해 간송의 일대기를 한 권의 책에 담았습니다.

"우리나라에 이런 분이 계셨다는 게 너무 자랑스러워요."

이 책을 읽고 간송 전형필 선생을 알게 된 사람들이 한결같이 하는 말입니다. 우리나라 사람이라면 누구나 읽어봐야 할 책이기에 독서모임에서 늘 권하고 있습니다.

대부호의 아들로 태어나 물려받은 막대한 유산으로 삼국시대부터 근대에 이르는 문화재를 수집한 간송 선생의 삶은 그 자체로도 감동적이고 아름답지만, '내가 가진 돈을 어디에 어떻게 써야 제대로 잘 쓰는 것인지'에 대한 생각도 하게 합니다. 문화재를 수집하던 중 일어난 사건은 '소설보다 더 소설 같다'라는 생각이 들 만큼 극적입니다. 여러 가지 의미가 있으면서도 흥미롭고 재미있는 책이라고 할 수 있습니다.

| 17 |
《스웨덴이 사랑한 정치인, 올로프 팔메》
하수정, 후마니타스

스웨덴 보편적 복지의 틀을 매듭지은 사민당 총리였던 올로프 팔메의 삶이 담겨 있습니다. 시간과 국경을 뛰어넘어 우리에게 좋은 정치인, 좋은 시민, 좋은 사회란 무엇인지 고민하게 해주는 책으로 모든 독서모임에 추천합니다. 이 책을 읽고 나면 우리에게도 이렇게 좋은 정치인이 있었으면 좋겠다, 이런 정치인을 선거를 통해 뽑고 싶다는 마음이 생겨납니다.

번역서가 아니라 스웨덴에서 유학한 한국인 저자가 쓴 책으로, 스웨덴이라는 나라를 소개하는 개론서 역할도 합니다. 우리나라와의 비교를 통해 스웨덴의 문화, 제도, 인물 등 스웨덴을 더 잘 이해할 수 있게 해줍니다. 무엇보다 사회주의 국가가 어떤 나라인지, 이 책을 읽으면 알게 됩니다.

| 18 |
《평화가 깃든 밥상 1》
문성희, 샨티

독서모임에서는 참으로 다양한 책을 읽습니다. 이 책은 요리 책입니다. 일종의 자연 요리 레시피 모음집이지요. 저자 문성희는 자연 요리 연구가이자, 세계적인 라자요가 명상학교인 브라마쿠마리스 학생이며, 단식 캠프 강사이기도 합니다. 그녀의 자연주의 요리 철학이 레시피와 함께 실려 있습니다.

좋은 밥상을 차리려면 어떤 재료를 가지고 어떤 마음으로, 어떻게 요리를 해야 하는지 저자가 친절하게 안내해주며 건강에 대해 근본적인 질문도 던집니다. 무엇보다 책이 너무 예뻐서 부엌 한쪽에 펼쳐 놓고 요리를 하고 싶다는 생각이 듭니다. 눈치채셨겠지만 모두 채식 요리입니다.

| 19 |
《역사 e》
국사편찬위원회, 북하우스

2011년부터 방송된 〈역사채널ⓔ〉의 내용을 간추려 모은 책입니다. 〈역사채널ⓔ〉는 한국사의 주요 사건과 인물을 새롭게 조명한 5분 분량의 프로그램인데, 여기에 자료를 보충해서 좀 더 깊게 역사를 들여다볼 수 있도록 내용을 보강했습니다. 안중근 의사처럼 잘 알려진 역사 인물의 뒷이야기나 임진왜란 때 한국인으로 귀화한 일본인 장수 이야기, 6·25

전쟁 중 이름 없는 공무원이 지켜낸 문화재 등 알려지지 않은 감동적이고 극적인 이야기가 담겨 있습니다.

무엇보다 책이 너무 재미있습니다. '역사책이 이렇게 재미있어도 되나?' 이런 생각이 들 정도죠. 다양한 독서모임에서 20번 이상 이 책을 소개했는데, 대다수 사람이 다시 읽고 싶다고 꼽은 책입니다. 1권을 읽고 나면 2권, 3권 계속 이어서 읽고 싶어지는, '갑자기 역사가 재미있어지는' 책이라고 할 수 있습니다.

| 20 |
《오주석의 한국의 미 특강》
오주석, 푸른역사

한국 미술사에 관한 한 이미 고전이 되어버린 책입니다. 단원 김홍도와 조선 시대 그림을 가장 잘 이해한 21세기의 미술사학자로 평가받는 저자의 강연이 정리되어 있습니다. 대화하듯 이어지는 강연 형식이라 딱딱하지 않고 재미있어 누구라도 부담 없이 읽을 수 있습니다.

"아는 만큼 보인다"라는 말이 있습니다. 이 책을 읽고 나면 책 표지에 그려진 김홍도의 호랑이 그림이 전혀 다르게 보입니다. 김홍도가 얼마나 대단한 사람인지, 소나무 아래 용맹한 조선 호랑이가 어떤 의미인지 알게 됩니다. 그림을 두고 하나하나 예를 들어가며 친절하게 설명해주는 저자의 글을 읽다 보면 우리 옛 그림이 그렇게 재미있게 보일 수가 없습니다. 대한민국 국민이라면 필독서라고 할 수 있습니다. 이 책을 읽고 나면 저자가 너무 일찍 돌아가셔서 이렇게 좋은 강연을 더 들을 수 없다는 게 억울하게 느껴집니다.

| 21 |
《곶감과 수필》
윤오영, 태학사

손에 쏙 들어오는 작고 오래된 책입니다. 한국과 중국의 고전, 현대 산문을 소개하는 태학사의 〈태학산문선〉 중 한 권으로, 한국을 대표하는 수필가 윤오영의 산문 54편이 담겨 있습니다. 교과서에 실린 〈방망이 깎던 노인〉 〈마고자〉 〈참새〉 등을 쓴 수필가라고 하면 금방 아실 겁니다. 이 책을 읽고 나면 많은 분이 〈태학산문선〉의 다른 책을 더 찾아 읽곤 합니다.

"산문이 이렇게 아름다울 수 있군요."

이 책을 읽은 사람들은 대부분 비슷한 이야기를 합니다. 한 편 한 편이 '주옥같다'는 말이 이렇게 딱 맞을 수가 없습니다. 저는 이 책을 소개할 때 54개의 구슬을 꿰어 만든 책이라고 표현합니다. 한 폭의 그림 같은 짧은 산문 속에 매우 절제되고 단아한 우리말의 아름다움이 담겨 있습니다. 산문 문학의 진수를 보여준다고 해도 과언이 아닙니다.

| 22 |
《구덩이》
루이스 쌔커, 창비

간단히 이 책을 설명하자면 '스토리가 말도 못하게 재미있는' 책입니다. 〈창비청소년문학〉 시리즈 중 한 권으로, 지독히도 운 없는 소년이 사막 한가운데 있는 소년원에 갇힌 후, 그곳에서 진정한 성장과 우정을 손에 넣는다는 이야기입니다. '착한 사람이 복을 받는다'는 어쩌면 뻔한 결말이지만 매우 유머러스하고 반전의 반전을 거듭해나가는 탄탄한 스토리가 책을 한 번 들면 놓을 수 없게 만듭니다.

"오랜만에 소설 읽는 즐거움을 느꼈어요."

"다시 한번 청소년 소설을 읽어봐야겠어요."

이 책을 읽고 나면 많은 사람이 순수하게 소설 읽기의 즐거움에 빠지곤 합니다. 책 읽는 즐거움 그 자체를 선사하는 책으로, 독서모임 초반에 넣어도 좋습니다. 오랜만에 잊어버렸던 소설 읽기의 즐거움을 만끽해보시길 바랍니다.

| 23 |
《창가의 토토》
구로야나기 테츠코, 김영사

이 책은 한 편의 수채화 같은 동화이자 훌륭한 교육서로, 저자가 자신의 어린 시절을 바탕으로 써 내려간 자전적 성장소설입니다. 문제아로 낙인찍혀 퇴학을 당한 토토가 새 학교에서 인생을 배우며 자라는 모습과 교장 선생님의 독특한 교육철학이 담겨 있습니다.

저는 거의 100번쯤 읽은 것 같네요. 교사로 재직한 이후 처음으로 '학교를 그만둘까?' 고민할 때 제자에게 선물 받은 책이었습니다. 책을 읽고 나서 '나도 이 교장 선생님 같은 사람이 되고 싶다'라고 생각했습니다. 해마다 이 책을 꺼내 읽으면서 교사 시절을 추억합니다. 교사와 학부모가 꼭 읽어야 할 책입니다.

이 책을 읽고 나면 다들 '부끄럽다'라고 자기 고백을 합니다. '어떻게 이렇게 훌륭한 자세로 아이를 대할 수 있을까?' '맞아. 교육은 이래야 해.' '아이들에게 말할 때는 이렇게 말해야 하는데….' 굳이 가르치거나 설명하지 않고도 많은 것을 말해주는 아름다운 책입니다. 내 삶에 얼마든지 적용이 가능한 이야기라서 자신을 변화시키고 싶다는 마음을 갖게 합니다.

| 24 |
《정민 선생님이 들려주는 고전 독서법》
정민, 보림

조선시대 선비들의 문헌을 바탕으로 책과 책 읽기의 참뜻을 다시 묻는 책입니다. 진정한 독서를 위한 기본서라고 할 수 있습니다. 이 책을 읽고 나면 '아, 책은 이렇게 읽어야 하는구나!'라는 생각이 듭니다. 독서모임에서 이 책을 꼭 같이 읽는 이유입니다. 인문학자 정민 교수가 아이에게 이야기를 들려주듯 써 내려간 책이라 잘 읽힌다는 장점이 있습니다.

독서모임 초기에 재미있는 책으로 책 읽는 재미를 일깨웠다면 중간 즈음에는 고전 독서법을 함께 읽으며 책 읽는 자세나 정신을 새롭게 하는 것도 좋습니다. '책은 어떻게 읽어야 하나', '얼마나 읽는 게 좋을까', '정독을 할까, 다독을 할까' '재미없는 책도 끝까지 읽어야 할까?' 등 독서에 관한 거의 모든 궁금증에 대해 친절하게 설명해줍니다. 책 읽기가 막 재미있어질 즈음 읽어도 독서법을 익히는 데 많은 도움이 됩니다.

| 25 |
《나무소녀》
벤 마이켈슨, 양철북

과테말라 내전의 소용돌이 속에서 희망의 끈을 놓지 않은 마야 소녀의 실제 이야기를 바탕으로 한 청소년 소설입니다. 이 책을 읽은 많은 사람이 감동했다고 이야기합니다. 굉장히 문학적이면서도 과테말라 내전이라는 역사적인 사실에 대해 새롭게 알게 되는 계기가 됩니다. 특히 남미 인디오의 철학과 전통, 사상 등이 잘 표현되어 있어 밑줄을 그을 곳이 많은 책이기도 합니다.

청소년 책이라 쉽게 읽을 수 있으면서도 마음 깊은 곳에 있는 이야기를 끌어내는 힘이 있습니다. 이 책을 읽고 나면 다들 다른 사람에게 해본 적 없는 자신만의 특별한 경험이나 가족사를 이야기하게 된다고 합니다. 구성원들끼리 매우 가까워졌다는 느낌이 들게 만들어주는 책이라 독서모임 초반에 읽는 것도 좋습니다. 이 책에 대한 걱정거리는 딱 하나입니다. 이렇게 좋은 책이 혹시 절판되지는 않을까, 하는 것입니다. 제가 독서모임에서 항상 이 책을 추천하는 이유이기도 합니다.

| 26 |
《울지 않는 늑대》
팔리 모왓, 돌베개

캐나다 최고의 작가이자 자연학자이자 탐험가인 저자가 북극 늑대와 1년여를 함께 지낸 생활을 바탕으로 한 책입니다. 이 책을 아는 사람은 많지 않습니다. 하지만 읽어본 사람은 누구나 정말 좋은 책이라고 꼽는 특별한 책입니다.

단순히 늑대에 대한 관찰기록이라고 생각하기 쉽지만, 거기에서 멈추지 않습니다. 늑대에 대해 가지고 있는 고정관념을 완벽하게 깨주는 문학적이고 현학적이면서도 유머러스한 책입니다.

인간이 위대한 문명을 이룩했다고 하지만 그것이 얼마나

졸렬하고 우스꽝스러운지 깨우쳐줍니다. 너무 재미있어서 웃으면서 읽는데 가슴이 뜨끔해지는 문명비판서이기도 합니다. 전혀 예상하지 못했던, 숨어 있는 좋은 책을 만나면 독서모임이 더욱 재미있어지는 계기가 됩니다.

| 27 |
《참 아름다운 당신》
도종환 외, 우리교육

책 제목 그대로, 참 아름다운 당신 13명이 소개됩니다. 작가 13명이 자신이 알고 있는 사람 중에 가장 아름다운 사람을 한 사람씩 소개하는데, 도종환 시인은 산골에서 지낼 때 만난 아름다운 우편배달부에 대한 이야기를 합니다. 흔히 말하는 성공한 삶은 아닐지라도, 나름의 방식으로 아름답게 살아가는 이들의 이야기입니다. 우리가 몰랐던 현대사 속에서 투사로서 강하고 아름답게 살아간 사람을 소개하는 글도 있고, 평생 농사만 짓다 돌아가신 큰아버지를 소개한 글도 있습니다.

"꽉 찬 인생!"

독서모임에서 회원들이 가장 많이 했던 말입니다. 이름

없지만 진실되고 '꽉 찬 인생'을 살아간 사람들을 만나며, 이렇게 살지 못하는 내가 부끄럽지만 그래도 주변에 이런 아름다운 사람들이 있어서 행복하다는 이야기를 나누곤 했습니다. 자신의 삶을 돌아보는 시간을 가지게 됩니다.

| 28 |
《미술관 옆 카페에서 읽는 인상주의》
나카노 교코, 이봄

책 제목이 재미있습니다. 인상주의 사조에 속하는 많은 화가를 소개하면서도 미술관 옆 카페에서 읽는 듯 부담 없이 금방 읽을 수 있는 책입니다. 책이 작고 예뻐서 책 제목 그대로 미술관 옆 카페에서 펴놓고 읽기 좋아 보입니다. 책이 이렇게 예쁜데 내용은 또 매우 알찹니다. 누군가 인상주의 책 한 권만 추천해주세요, 라고 하면 이 책을 권할 것 같습니다.

　이 책은 인상주의를 개괄하는 예술서이자, 근대사회를 읽을 수 있는 역사서입니다. 인상주의 화가들이 남긴 작품을 통해 당시의 정치적 상황, 시민사회의 성장, 노동자와 여성의 삶 등을 엿볼 수 있습니다. 그림과 함께 소개된 배경 이야기를 읽고 나면 그림이 완전히 다르게 보입니다. 그림 읽는 즐거움이 이런 거구나, 느끼게 됩니다. 미술에 소양이나 흥미가 없던 사람도 쉽고 흥미롭게 읽을 수 있는 책입니다.

| 29 |
《카메라, 편견을 부탁해》
강윤중, 서해문집

사진기자로 일해온 저자가 우리 시대의 가장 문제적 장소를 찾아 고군분투한 시간을 카메라와 글로 담아낸 책입니다. 빈곤, 양극화, 철거민과 도시개발, 독거노인, 존엄사 등 우리 자신에게 물어야 할 다양하면서도 깊은 질문과 의구심, 낯선 생각에 관해 이야기합니다. 이 책을 독서모임에서 읽고 나면 이야기가 풍성해집니다.

　기본적으로 사진이 많은 것을 이야기해주지만 글도 참 잘 썼습니다. 모두 16꼭지로 구성되어 있는데, 한 꼭지 한 꼭지가 묵직한 질문을 던집니다. '이런 사람들과 함께 살아가는 나는 어떻게 살아야 하나?' 생각이 많아집니다. 저자가 피사체를 대하는 자세가 너무나 따뜻해서 그런지, 책을 읽고 나면 마음의 온도가 0.5도 정도 올라가는 경험을 하게 됩니다.

《에밀 타케의 선물》

정홍규, 다빈치

독서모임이 아니라면 절대 읽지 않았을 책이란 이런 책이 아닐까 싶습니다. 이 책은 벚나무에 관한 책입니다. 19세기 말 우리나라에 선교하러 들어온 프랑스 신부 에밀 타케가 제주도에 왕벚나무가 자생하는 것을 세계 최초로 발견하고, 제주 감귤 산업의 밑바탕이 된 온주 밀감을 들여온 이야기 입니다. 환경운동가이자 생태교육가인 정홍규 신부가 에밀 타케 신부의 발자취를 찾아다니며 엮은 책입니다. 식물 자원의 중요성과 식물 자원을 어떻게 보존하고 육성해야 하는 지 알려줍니다.

쉽게 쓰인 책은 아니지만, 전혀 들어보지 못했던 새로운 역사적 사실이라 신선하게 다가옵니다. 더구나 예쁜 사진이 곁들여 있어서 읽는 데 어려움은 없습니다. '세상에 이런 것도 있구나.' 새삼스럽게 우리의 무지를 깨우쳐주는 책입 니다.

《세계 예술마을로 떠나다》
천우연, 남해의봄날

사랑했던 일이 시들해진 10년 차 문화예술 기획자가 덴마크, 스코틀랜드, 미국, 멕시코의 예술마을로 떠난 450일간의 힐링과 성장의 이야기입니다. 직장 생활을 하며 마음에 품었던 고민을 돌아보는 자기성찰의 내용이 흥미와 공감을 이끌어냅니다. 아울러 우리나라 지역 축제의 현주소를 돌아보게 하지요. 예술가들이 모여 사는 지역의 작은 이야기이지만 세계인의 가슴에 잔잔한 울림을 주는 책입니다. 지금 저자는 이 땅 어느 곳에선가 아름다운 예술마을을 꿈꾸고 있을 테지요.

32

《꿈꾸는 구둣방》
아지오, 다산북스

청각장애인들이 모여 일하고 시각장애인 대표가 경영하는 맞춤 수제화 기업 아지오는 고객의 발을 직접 만져가며 한 땀 한 땀 신발을 만듭니다. 이 책을 읽고 나면 꿈꾸는 구둣

방이 큰 브랜드로 성장해나갔으면 좋겠다는 응원의 마음이 생깁니다. 그래서 독서모임 후, 다 함께 구두를 맞추러 아지오를 찾았습니다. 저도 두 컬레를 맞추었습니다. 아지오의 용기 있는 기업 스토리가 예상치 못한 감동을 선사합니다.

| 33 |

《여기, 아티스트가 있다》
안희경, 아트북스

전문 인터뷰어인 저자가 현대미술의 거장 8명을 만나 상상력의 근원을 탐구한 인터뷰를 묶은 책입니다. 거장들의 작품세계뿐만 아니라 거장들의 동작, 분위기, 말투 등 세심한 관찰의 흔적이 읽는 재미를 더합니다.

현대미술은 어렵다는 편견을 깨주는 책으로, 읽고 나면 현대미술에 성큼 다가서는 느낌입니다. 현대미술 거장들이 영감을 얻는 순간, 자신들의 유명 작품에 대한 해석 등을 들을 수 있습니다. 저자와 미술가가 이야기를 나누는 인터뷰 형식이라 현대미술에 문외한인 사람도 쉽게 따라가며 읽을 수 있습니다.

| 34 |
《세 여자 1, 2》
조선희, 한겨레출판

제목 그대로 20세기 초 세상을 바꾸고자 했던 세 명의 실존 여성 혁명가의 이야기입니다. 1920년대부터 1950년대에 걸친 한국 공산주의 운동사가 폭넓게 다뤄지고 있으며 복잡다단한 한국 현대사가 물 흐르듯 자연스럽게 펼쳐집니다. 두 권으로 되어 있는데, 한번 읽기 시작하면 손에서 책을 놓을 수가 없습니다. 잠자기를 포기하고 읽을 정도로 재미있습니다. 한마디로 장편소설을 읽는 재미를 알게 해주는 책입니다. 단숨에 두 권을 읽고 나면 긴 소설을 읽는 두려움이 없어집니다. 그래서 독서모임에서 이 책을 꼭 한번 읽어 보라고 권합니다.

여성 혁명가들이 격랑의 역사를 온몸으로 살아간 이야기가 굉장한 감동을 줍니다. '그 시대를 여성으로서, 혁명가로서 어떻게 살아냈을까?' 마음이 아프기도 하고 안타깝기도 하고, 아쉽기도 하고, 대단하다 싶기도 한데요. 그런 복잡한 마음이 열두 번씩 오갑니다. 더불어 우리가 공산주의에 대해 가진 편견도 다시 한번 생각해보게 됩니다. 그 시대에 살았다면 나는 어떤 모습으로 살았을까? 나라면 어떤 선택을 했을까? 많은 질문을 하게 만드는 책입니다.

.

| 35 |
《눈으로 하는 작별》
룽잉타이, 양철북

누구나 부모와 영영 이별을 하고, 다 큰 자식을 품에서 떠나보내는 상실을 겪게 됩니다. 이 책은 가족을 떠나보내는 안타까움을 아름다운 문장으로 묘사하고 있지요. 가족이라는 특별한 인연도 언젠가 이별을 해야만 한다는 사실은 '오늘'의 소중함을 깨닫게 해줍니다.

아무런 예고도 없이 급작스럽게 어머니를 잃고 힘들어하던 독서모임 회원이 생각나네요. 그 회원은 "어머니가 돌아가셨다는 현실을 받아들이기 어렵다"라고 말할 정도로 고통스러워했지요. 이 책을 통해 어머니와 작별인사를 할 수 있었다고 하더군요.

그가 밑줄 그은 대목입니다. "나는 천천히, 아주 천천히 이해해가고 있다. 부모와 자식의 관계에 대해. 부모와 자식은 이 세상을 살아가는 동안 점차 멀어지는 서로의 뒷모습을 가만히 바라보며 이별하는 사이가 아닐까. 우리는 골목길 이쪽 끝에 서서, 골목길 저쪽 끝으로 사라지는 그들의 뒷모습을 묵묵히 바라본다. 그 뒷모습이 당신에게 속삭인다. 이제 따라올 필요 없다고."

| 36 |
《리큐에게 물어라》
야마모토 겐이치, 문학동네

16세기 일본의 정치와 문화 전반을 좌우한 인물인 리큐를 중심으로 한 전기소설입니다. 역사적 사실에 기반해 소설적 상상력을 가미한 '팩션'이라 읽는 재미가 아주 크답니다.

리큐는 일본 다도의 명인으로, 우리가 잘 아는 토요토미 히데요시의 스승이기도 했지요. 소설은 리큐가 토요토미 히데요시의 명령으로 할복을 하는 장면에서 시작합니다. 그 시점에서 과거로 거슬러 올라가 리큐의 성장 과정, 한 인간이 철저하게 추구했던 아름다움의 본질, 가장 탁월했던 다인이 도달하려고 한 다도의 진수를 섬세하게 그려냅니다. 읽다 보면 장면이 보이고, 소리가 들리고, 향기가 느껴질 정도로 감각적인 글을 만날 수 있습니다. 그리고 조용히 앉아

서 차 한잔을 정성껏 우려내 마시면서 미학과 사랑과 죽음
에 대해 생각하게 되지요.

| 37 |
《김언호의 세계서점기행》
김언호, 한길사

40여 년 동안 책을 만들고 있는 출판인이 세계에서 가장 아
름다운 서점으로 꼽히는 23개 서점을 방문한 이야기입니다.
작가는 유럽, 미국, 일본, 중국 등지에서 개성 있는 서점을
운영하는 서점인들을 만나 이야기를 나눕니다. 특별한 서점
들이 기획하는 다채로운 프로그램을 소개하고, 디지털 시대
에 서점을 운영하는 서점인들의 철학을 탐구합니다.

　인터넷쇼핑과 전자책이 대세인 이 시대에 서점을 운영하
고, 종이책을 구해 읽는다는 것은 무슨 의미가 있는 걸까요?
저자와 함께 아름다운 서점을 둘러보다 보면 묘한 위로를
받게 됩니다. 어떤 분은 "배 아래쪽에서 따뜻한 기운이 올라
온다"라고 소감을 말하더군요.

| 38 |
《잘 배우는 길》
주중식, 현북스

'열린 교육'을 실천해온 초등 교사인 저자가 학교를 떠나고 나서 쓴 책입니다. 아이들이 써낸 글에 저자가 달아준 답글을 모으기도 하고 아이들에게 들려주고 싶은 선물 같은 이야기를 정리하였습니다. 초등학생 아이들의 진솔한 생각과 고민을 엿보는 재미와 함께 아이들의 궁금증과 마음을 있는 그대로 받아주는 선생님의 모습이 잔잔한 감동을 자아냅니다.

어린이 책을 독서모임에서 읽자고 하면 내켜 하지 않는 분도 계십니다. 하지만 막상 읽어보면 다들 좋아한답니다. 우리가 잃어버리고 있는 것, 놓치고 있는 소중한 것을 재발견하게 해주기 때문이겠지요. 아버지 독서모임에서도 읽고 청소년 독서모임에서도 읽은 책입니다.

| 39 |
《물과 시간에 대하여》
안드리 스나이르 마그나손, 북하우스

과학자들은 이미 오래전부터 기후위기를 경고해왔습니다.

이렇게 많이 생산하고 소비하는 방식으로는 지구의 토대가 무너지고 말 것이라고요. 빙하가 녹고 있고, 해수면이 높아지고, 혹한과 혹서가 반복되고, 가뭄과 홍수가 빈번하게 일어나고 있다고 아무리 외쳐도 대부분의 사람들은 달라지지 않아요. 이 심각한 현실을 어떻게 표현해야 사람들이 행동에 나서게 될까요?

아이슬란드의 대표적인 문학가 마그나손은 과학자의 말을 시로 번역해 기후위기의 실상을 직관적으로 들려줍니다. 역사, 신화, 에세이, 전문가 인터뷰와 대담을 통해 기후위기라는 현실을 문학 작품으로 만들어낸 것이죠. 수려한 문장과 이야기에 이끌려 읽어가다 보면 이제까지와 다른 세상을 보게 됩니다.

| 40 |
《아이들의 계급투쟁》
브래디 미카코, 사계절

복지제도를 두고 "내가 낸 아까운 세금을 왜 일도 안 하고 놀고먹으려는 사람들한테 퍼주냐"며 탐탁하지 않게 여기는 이들이 있지요. 이 책은 펑크 음악에 빠져 영국으로 건너간 일본인이 하위 1퍼센트가 거주하는 빈곤지역 무료 탁아소에서 자원봉사를 하며 기록한 글입니다. 작가는 보수 정권이 들어서고 긴축 바람이 불면서 보육원 지원금이 줄어든 상황에서 벌어지는 모습을 있는 그대로 들려줍니다. 복지제도 축소로 인해 혐오와 배제, 차별은 노골화되고, 아이들의 삶은 무참히 짓밟히고 맙니다. 정치 이야기를 하고 있지 않지만, 정치가 일상에 얼마나 큰 영향을 미치는지 실감하게 되지요. 에세이스트로서 작가의 역량이 돋보이는 책입니다. 읽고 나면 다들 가슴이 서늘해진다고 하더군요.

| 41 |
《유럽의 그림책 작가들에게 묻다》
최혜진, 은행나무

그림책 작가 열 명의 아뜰리에를 찾아가 인터뷰를 진행하고 작업 현장을 소개한 책입니다. 작가의 어린 시절, 그림책 작가로서의 철학과 마음가짐에 대한 경쾌한 이야기가 펼쳐지죠. 저자가 특히 듣고 싶었던 이야기는 작가들의 기발한 창조성은 어디서 나오는가 하는 점이었다고 하네요. 독서모임에서도 그 이야기가 가장 많이 나왔습니다. 작가의 미소와 아뜰리에 풍경을 아름답게 포착한 사진도 보는 재미를 더합니다.

| 42 |
《먼 북으로 가는 좁은 길》
리처드 플래너건, 문학동네

전쟁을 겪고 살아남은 이들의 삶은 어떨까요. 이 소설은 성공한 의사이자 전쟁영웅으로 남 보기에는 번듯하게 살고 있지만 전쟁이 남긴 트라우마로 괴로워하는 주인공의 내면을 치열하게 다루고 있습니다. 실제로 작가의 아버지는 일본군 포로로 버마 철도 건설현장에서 끔찍한 시절을 보낸 생존자였다고 합니다. 역사가 한 개인의 삶에 어떻게 스며드는지, 평화가 얼마나 소중한지를 잘 보여주는 뛰어난 작품입니다. 호주 문학을 만나는 귀한 기회이기도 하지요.

| 43 |
《지극히 사적인 네팔》
수잔 샤키야, 틈새책방

네팔 하면 히말라야가 있는 관광지 정도로 알고 있는 이들이 대부분이죠. 이 책은 한국에 온 지 10년이 넘은 네팔인이 들려주는 네팔의 문화와 사람들에 대한 이야기입니다. 네팔은 우리와 달리 여러 민족이 함께 어우러져 사는 나라입니다. '단일민족'임을 내세우는 우리와 전혀 다른 환경이죠. 이제 우리나라도 '어쩔 수 없이' 다문화 사회로 나아가고 있습니다. 다른 나라와 문화에 대한 편견을 깨고 공존하려면 다른 문화를 알아야 합니다. 한 회원이 이 책을 읽고 나서 "잘 안다고 생각했지만 아무것도 몰랐다는 사실을 가장 잘 일깨워 준 책"이라고 한 말이 기억에 남네요. 독서모임에서 회원들은 "네팔이든 아랍이든 어떤 나라에서 온 사람이라도 조금은 편안하게 대할 수 있게 되었다"라고 입을 모아 말합니다.

| 44 |
《경제의 속살 1,2,3,4》
이완배, 민중의소리

주류경제학은 '이기적인 존재'인 인간의 욕구와 선택을 다루는 학문입니다. 이 책은 주류경제학의 전제와 싸워온 수많은 경제학자, 경제학 이론을 다루고 있습니다. 경쟁과 이익을 넘어 연대와 협력이 가능하다는 것을 알려주는 따뜻한 경제학 책이죠. 나아가 우리 사회가 당면한 과제인 불평등, 언론·검찰·종교 개혁, 정치와 선거 문제를 새로운 경제학적 시각으로 분석합니다. 세상이 조금이라도 나아지기를 바라는 이들에게 희망을 선물해주는 책이죠. 한번 시작하면 끝까지 읽고 싶어지는 책인데, 2권 3권 4권, 갈수록 더 재미있어지는 독특한 책입니다.

| 45 |
《윤한봉》
안재성, 창비

유신부터 5·18까지 1970년대 학생운동사에서 핵심적인 인물이었고, 이후 미국으로 망명해 국제연대를 조직한 윤한봉 선생 평전입니다. 생생한 현장 묘사와 캐릭터를 살린 대사 덕분에 평생을 투철한 혁명가로 살다 간 윤한봉의 삶을 소설처럼 재미있게 읽을 수 있지요. 윤한봉 선생은 망명 생활 10년 동안 침대 대신 맨바닥에서 혁대도 풀지 않은 채 잠을 잤고, 부유한 집 아들로 거금을 상속받았으나 후배들에게 돈을 모두 나누어주고 가난하게 살았을 정도로 원칙주의자였다고 합니다. 황석영 작가의 추천사가 무척 가슴에 와닿습니다. "지혜롭고 강인하고 부지런했던 합수(한봉)는 원칙의 사내였고 그 때문에 모두가 불편해하였다. 오늘 나는 그가 곁에 있어 나를 여전히 불편하게 해주기를 소망한다."

| 46 |
《안응칠 역사》
안중근, 독도도서관친구들

안중근 의사가 감옥에서 쓴 자서전입니다. 동양평화론과 함께 안중근 의사의 정신과 철학을 온전하게 접할 수 있는 귀중한 문헌이죠. 그동안 여러 판본이 발행되었는데, 친필 원고가 없으니 오류가 있을 수밖에 없었어요. 이 책은 독도도서관친구들이 후원하고 독도글두레 연구자들이 오랜 시간동안 공을 들여 최대한 원본에 가깝게 다가간 비판정본으로, 우리나라에서 만들어진 두 번째 비판정본입니다.

| 47 |
《잃어버린 지혜, 듣기》
서정록, 샘터

동영상의 시대라고 해도 과언이 아닙니다. 우리가 의도하건

의도하지 않건 눈으로 무수한 자극을 끊임없이 받아들이게 되죠. 그 와중에 우리는 듣기의 힘을 잃어버렸습니다. 이 책에서 말하는 '듣기'란 타인의 말을 경청하는 정도의 소극적인 듣기가 아닙니다. 인디언 태교부터, 초기 불교, 성경, 샤머니즘, 내면의 소리까지 넓은 의미의 듣기에 대해 성찰합니다. 책을 읽고 나면 우리가 진짜 귀 기울여야 할 것은 무엇인지 자연스럽게 깨닫게 되지요. 특히 아이들을 만나고 있는 분들이라면 더 늦기 전에 꼭 읽어야 할 책이라고 권합니다.

| 48 |
《이토록 뜻밖의 뇌과학》
리사 펠드먼 배럿, 더퀘스트

뇌과학에 대해 전반적으로 이해할 수 있도록 도와주는 유익한 입문서입니다. 이 분야 권위자로 손꼽히는 저자는 뇌에 관한 총체적인 진실을 간결하고 정확하게 설명해줍니다. 정재승 교수는 "21세기 뇌과학의 정수를 고스란히 담고 있다"라고 추천을 했네요. 하루가 다르게 새로운 발견이 이루어지고 있는 뇌과학의 세계와 주장을 따라잡는 데 매우 유익한 책입니다. 어제 내가 알고 있던 사실이, 오늘은 사실이 아닐 수 있다는 것을 알게 되면 '급겸손'해지지요.

| 49 |
《유라시아 견문 1,2,3》
이병한, 서해문집

젊은 역사학자가 3년간 100개 나라, 1000개 도시를 주유하며 유라시아 전체의 과거–현재–미래를 조망한 책입니다. 단순한 기행이나 여행이 아니라 지구적으로 진행되고 있는 변화의 현장을 생생하게 보여주는 성실하고 통찰력이 빛나는 견문록이죠. 저자는 스스로를 미래학자라고 칭하는데, 과연 과거와 현재에 머물지 않고 자본주의 이후, 민주주의 이후 우리가 어디로 나아가야 하는지를 모색합니다. 독서모임에서 이 책을 읽고 나면 치열한 논쟁이 벌어집니다. 이런 책일수록 혼자 읽기보다 함께 읽으면 더 유익하지요.

| 50 |

《까대기》

이종철, 보리

이제는 택배 없는 생활을 상상할 수도 없는 세상이 되었어요. 밤에 주문하면 다음 날 새벽 현관 앞에 택배 상자가 놓여 있는 편리한 세상이죠. 우리가 편리를 누리는 동안 당연하게도 누군가는 노동을 담당해야 합니다. 택배 상하차 작업을 '까대기'라고 하는데, 하루만 일해도 도망치고 싶은 전설의 알바로 알려져 있죠. 이 책은 까대기의 실상을 생생하게 담고 있어요. 실제로 6년 동안 택배 일을 하며 만화를 그린 작가의 경험을 바탕으로 한 작품입니다. 담담하게 현실을 그리고 있지만, 읽는 동안 마음에 슬픔과 안타까움이 가득 차오릅니다.

| 51 |

《아름다운 사람 권정생》

이충렬, 산처럼

《강아지똥》,《몽실 언니》등 100권이 넘는 동화집을 남긴 권정생 선생의 전기입니다. 우리나라 창작동화가 자리 잡는

데 큰 역할을 한 분이죠. 권정생은 오랜 세월 동안 세대를 이어 사랑받는 작품을 쓰신 뛰어난 작가이기도 하지만, 평생을 가난한 이웃과 더불어 무소유로 살아가신 분이기도 하지요. 전기 작가 이충렬은 권정생의 감동적인 삶과 문학정신을 꼼꼼한 자료 조사와 스토리텔링으로 풍성하게 복원해 놓았습니다.

| 52 |
《도서관친구들 이야기》
여희숙 외, 독도도서관친구들

'도서관친구들'은 도서관을 돕는 시민단체입니다. 마을 도서관을 도우려고 소박하게 시작한 자원 활동 모임이 전국적인 조직으로 확대되어간 15년의 과정을 기록한 책입니다. 저와 친구들이 함께 쓴 책이죠. 개인 감정이 들어간 목록입니다.

도서관을 돕는다는 의미는 단순히 대출 업무나 서가 정리를 보조하는 지원이 아니더군요. 도서관에 대한 이해는 물론 사람에 대한 관심이 우선임을, 자원 활동도 공부하고 고민하며 해야 한다는 것을 활동하면서 알게 되었지요.

도서관친구들은 상부와 하부가 따로 있는 조직이 아닙니

다. 조건 없이 서로 돕는 조직 형태를 지향하고 아낌없이 나누는 선순환을 만들고자 합니다. 도서관친구들 회원들이 달마다 내는 2000원 후원회비로 기금을 조성해 도서관을 돕고 홍보하는 일을 맡기도 하고, 도서관이 필요한 곳에 도서관을 건립하기도 합니다. 도서관 정책결정자들의 마음을 움직여 새로운 도서관 정책을 마련하고 더 많은 예산을 책정하게 하여 시민을 위한 도서관 정책을 펼치도록 응원합니다. 이런 활동을 알리기 위해 목록에 넣었답니다.

| 53 |
《그냥, 사람》
홍은전, 봄날의책

우리 사회에서 가장 약하고 힘없는 존재들의 삶을 이야기합니다. 장애인 시설에서 벗어나고자 애쓰는 이들의 고통과 저항, 온갖 욕설을 들어가며 지하철을 막고 '이동권 보장'을 외칠 수밖에 없는 이들의 절박함, 고양이와 강아지들의 소리 없는 아픔까지 작가는 마음을 다해 옮겨 적습니다. 이 책을 읽고 독서모임을 하는 날 회원들은 울음을 참느라 빨개진 눈으로 이렇게 말합니다. "가슴이 저려서 계속 읽어나갈 수가 없었어요." "눈에 눈물이 맺혀서 몇 번이나 책을 덮었어요." "이 책을 써준 작가님이 너무 고마워요."

| 54 |
《중국인 이야기 3》
김명호, 한길사

중국은 한반도의 평화와 경제에 중대한 영향을 미치는 나라입니다. 중국이라는 거대한 나라를 제대로 아는 일은 우리에게 너무나 중요한 일이죠. 이 책은 근현대 중국을 움직인 사람들을 통해 중국 역사를 들려줍니다. 재미있는 소설책처럼 읽히지만 읽다 보면 어느새 중국 역사가 손에 잡히는 흥미진진한 역사책이죠. 저자는 20여 년간 중국을 오가며 혁명을 경험한 노인들을 취재하고 자료를 수집해 10권짜리 중국인 이야기를 완성했습니다. 시간 가는 줄 모르고 읽게 되는 책입니다. 이 시리즈 중 3권은 한반도 역사에 대해 많은 것을 생각하게 해주어 우선 추천합니다.

| **55** |

《은골로 가는 길 1,2》
정창화, 나남

아버지에게 농사일을 배우며 자연과 함께 살아가는 법을 배우던 주인공은 산업화, 도시화가 급격하게 진행되면서 고향을 떠나 산업역군이 됩니다. 가진 것이라곤 몸뚱이 하나밖에 없는 도시의 하층민이 된 주인공은 경부고속도로, 원자력 발전소 건설현장에서 일하게 됩니다. '조국의 근대화'와 '잘살아 보세'라는 구호 아래 최소한의 인간다운 대접도 받지 못한 채 고단한 노동 현실을 감내해야 했던 이들의 신산한 삶이 이 소설에서 생생하게 되살아납니다. 작가는 자신의 직간접 경험을 바탕으로 한국 현대사의 그늘과 소외된 이들의 삶을 진솔하게 기록해냅니다. 덕분에 우리는 살인적인 노동 현장에서 허무하게 죽어간 사람들, 그 죽음마저 은폐되고 잊힌 사람들이 있었다는 사실을 기억하게 됩니다. 《세 여자》 이후 오랜만에 밤을 새우며 읽은 소설입니다.

| 56 |

《얼굴을 그리다》

정중원, 민음사

우리가 태어나서 단 한 번도 보지 못하고 죽는 것은 무엇일까? 라는 질문으로 시작하는 두툼한 책입니다. 길동무독서모임 정소영 님이 소개해서 읽은 책인데 깜짝 놀랐습니다. 어찌나 재미있던지요. 칼 세이건부터 그리스 신화 속 신들에 이르기까지, 다양한 인물과 화가, 초상화에 얽힌 흥미로운 일화와 철학, 세계관이 흥미진진합니다. 화가로서 본인의 경험을 유려한 문장으로 풀어내는 뛰어난 글솜씨, 하이퍼리얼리즘 초상화가로서 전문 분야에 대한 해박한 지식, 그림 그리고, 연극을 하고, 글 쓰고, 운동하고, 아름다운 이들과 교류하는, 이른바 '고대 그리스인처럼 살아가기'를 삶으로 보여주는 한 젊은이의 신선한 이야기가 책 속으로 푹 빠져들게 합니다. 정말 멋진 책입니다.

| 그리고 44권 더 |

제목	저자	출판사
나는 왜 너가 아니고 나인가	시애틀추장	더숲
여자전	김서령	푸른역사
마음 아플 때 읽는 역사책	박은봉	서유재
줬으면 그만이지	김주완	피플파워
쇠나우 마을 발전소	다구치 리호	상추쌈
래디컬 헬프	힐러리 코텀	착한책가게
아무튼, 산	장보영	코난북스
권진규	허경회	PKM BOOKS
왜 체 게바라인가	송필경	살림터
신의 그릇 1, 2	신한균	솔과학
터무늬 있는 경성미술여행	정옥	메종인디아
유대인 이야기	홍익희	행성B잎새
파랑을 조금 더 가지고 싶어요	권윤덕, 김서영 외	남해의 봄날
이럴 때 연극	최여정	틈새책방
세상에서 가장 아름다운 곳, 동네책방	강맑실	사계절
읽지 않은 책에 대해 말하는 법	피에르 바야르	여름언덕
참을 수 없이 불안할 때, 에리히 프롬	박찬국	21세기북스
나폴리 4부작	엘레나 페란테	한길사
지극히 사적인 러시아	벨랴코프 일리야	틈새책방
물고기는 존재하지 않는다	룰루 밀러	곰출판
로사리오는 죽었다	마이굴 악셀손	여름언덕
감응의 건축	정기용	현실문화연구

제목	저자	출판사
도시로 보는 이슬람 문화	이희수	사우
세계 불교 음악 순례	윤소희	운주사
작은 것들이 만든 거대한 세계	멀린 셸드레이크	글담
사람아 아, 사람아	다이허우잉	다섯수레
무엇을 먹을 것인가	콜린 캠벨	열린과학
착한 전기는 가능하다	하승수	한티재
그림책 보는 기쁨	류영선	보림
혜곡 최순우, 한국미의 순례자	이충렬	김영사
우리는 왜 죽음을 두려워할 필요 없는가	정현채	비아북
닭장 속의 여우	에프라임 키숀	삼인
그림 속으로 사라진 남자	넬리 허먼	이른비
아침의 피아노	김진영	한겨레출판
안녕? 중국!	김희교	보리
월든	헨리 데이비드 소로우	은행나무
시민과학자, 새를 관찰하다	조병범	자연과생태
우리말 풀이사전	박남일	서해문집
죽은 자들의 도시를 위한 교향곡	M.T 앤더슨	돌베개
생명을 묻다	정우현	이른비
본질의 발견	최장순	틈새책방
가재가 노래하는 곳	델리아 오언스	살림출판사
선을 넘어 생각한다	박한식, 강국진	부키
수없이 많은 바닥을 닦으며	마이아 에켈뢰브	교유서가

밑줄 독서 모임
– 세상에서 가장 쉽고 재미있게 책 읽는 법

초판 1쇄 발행 2023년 7월 7일
초판 2쇄 발행 2024년 4월 25일

지은이   여희숙
펴낸이   문채원

펴낸곳   도서출판 사우
출판   등록 2014-000017호
전화   02-2642-6420
팩스   0504-156-6085
전자우편   sawoopub@gmail.com

ISBN 979-11-87332-88-6 03020